KB042895

노마시안

프레임을 바꾸면
새로운 아시아가 보인다!

노마시안

초 판 1쇄 2020년 12월 29일

지은이 배양희
펴낸이 류종렬

펴낸곳 미다스북스
총괄실장 명상완
책임편집 이다경
책임진행 박새연, 김가영, 신은서, 임종익

등록 2001년 3월 21일 제2001-000040호
주소 서울시 마포구 양화로 133 서교타워 711호
전화 02) 322-7802~3
팩스 02) 6007-1845
블로그 http://blog.naver.com/midasbooks
전자주소 midasbooks@hanmail.net
페이스북 https://www.facebook.com/midasbooks425

© 배양희, 미다스북스 2020, *Printed in Korea.*

ISBN 978-89-6637-878-4 03190

값 17,500원

ㅗ 미다스북스는 다음세대에게 필요한 지혜와 교양을 생각합니다.

ASIARO Series No.2

프레임을 바꾸면 새로운 아시아가 보인다!

노마시안

NOMASIAN

신유목민 Nomad + 아시아인 Asian

배양희 지음

미다스북스

노마시안이 되라

노마시안은 우리 삶의 움직임이자 트렌드이고 방향성입니다.
노마시안은 마지막 남은 기회의 땅, 아시아에서 도전하는 그룹입니다.

2002년부터 차이나 드림을 꿈꾸던 남편을 따라 중국의 상하이에서 많은 것을 보고 경험했습니다. 예쁜 자녀도 3명을 낳았고, 처음 통역하던 직원과 함께 2명으로 시작한 회사도 어느덧 12개 지사를 둔 작지만 강한 기업으로 성장해가고 있습니다.

중국이 1998년 자본주의 경제체제를 도입하고, 2000년부터 외국인에 대한 부동산 개방이 되던 초기 시절부터 19년간 중국 부동산의 시작과 발전을 함께했습니다. 사회주의 국가의 많은 정책과 규제 그리고 완화 등을 경험하고 주변 분들의 성공과 실패들을 많이 보아왔습니다. 실로 광야와 같은 곳에서 꿋꿋이 살아남았다는 것만으로도 스스로 칭찬해 주고 싶습니다. 저뿐만이 아니라 아직도 해외에서 잘 살아내신 분들에게 격려와 위로를 드립니다. 이 책을 쓰면서 저 스스로에게도 많은 위안이 되었습니다.

원고를 작성하면서 많은 분들과 인터뷰를 했습니다. 가장 기억에 남는 인터뷰가 있었는데 그분이 "제가 노마시안이에요?" 눈물을 그렁그렁하면서 물어봅니다.

2007년 20대 청춘의 시기에 상하이로 여행을 왔다가 중국에 매료되어 다니던 한국의 명문대를 논문도 안 쓰고 수료만 한 상태에서 중국 상하이로 건너왔습니다. 논문도 제대로 못 쓰고 달려온 이곳에서 중국인 아내를 만나 가정을 만들고 '중국이 내 사명지다.'라는 생각으로 행복하게 머물렀습니다. 물론 좋은 일들도 있고 힘든 일도 겪었습니다.

20대에 왔는데 벌써 15년 가까이 되었고 나이는 40이 넘었습니다. 졸업 논문에 대한 숙원 사업도 10년 만인 2016년에 이루었습니다. 열심히 일은 하지만 '내가 여기에서 도대체 뭘 하는 걸까?' 하는 생각이 자주 들었다고 했습니다. 그러나 저와 이야기를 나누면서 우리들의 해외의 삶 자체가 '새로운 세상을 창조하고 혁신할 노마시안'의 라이프라고 생각하니 내 정체성을 분명히 알겠고, 정말 오랜만에 다시 가슴이 뛴다고 했습니다. 이야기를 듣다가 김춘수 시인의 「꽃」이라는 시가 떠올랐습니다.

꽃

– 김춘수

내가 그의 이름을 불러주기 전에는
그는 다만
하나의 몸짓에 지나지 않았다.

내가 그의 이름을 불러 주었을 때
그는 나에게로 와서
꽃이 되었다.
… (중략) …

우리들은 모두
무엇이 되고 싶다.
너는 나에게 나는 너에게
잊혀지지 않는 하나의 눈짓이 되고 싶다.

해외에 오래 살다 보면 내가 왜 여기 있는지 정체성을 잊어버릴 때가 많습니다. 서로가 '노마시안'이라고 이름을 붙이고 의미를 부여할 때 우리의 삶은 명사가 아닌 동사의 삶으로 변할 수 있다고 생각합니다

저는 업무상 많은 분들을 만나게 됩니다. 중국에 오셔서 다양한 방식에서 성공하신 분들이 계십니다. 인생의 멘토도 만나게 되었고 그분들의 삶을 따라 하고자 노력하기도 했습니다. 물론 어떤 부분은 실패의 경험도 많을 것입니다. 어떤 분들은 조용히 사업에만 집중하면서 지내시는 분들도 계시고 또 어떤 분들은 이제 한국에 가서 쉬고 싶다고도 합니다.

저는 이렇게 말씀드리고 싶습니다.

"한국에 가서 쉬더라도 해외에 나가 있는 사람들이 실패를 최소화할 수 있도록 다양한 분야에서 컨설팅 같은 것을 꼭 하시면 좋겠습니다."

각처에서 한 알의 밀알이 되어서 작은 도움이 모이게 된다면 그것도 좋을 것 같습니다. 이제 우리의 청년들과 자녀들은 디지털트랜스포메이션 시대를 살고 있습니다. 더 글로벌해져서 해외를 내 집처럼 다니면서 사업을 할 텐데 도와주셔야 합니다.

선배들이 걸어왔던 길을 보고 우리가 한 나라를 이해하기 위해서 몇십 년 걸리는 것들을 하나로 뭉쳐서 하나의 정보들을 가지고 사용할 수 있

도록 그렇게 시간을 단축시켜준다면 정말 좋겠다고 생각합니다.

이미 그것을 견뎌낸 사람들이 자기가 갖고 있는 달란트의 크기로는 거대한 바위를 깰 수 없다는 것을 인식하고 뭉치기 시작할 때 노마시안들의 작은 힘이 되는 것이라고 생각합니다. 먼저 누군가는 그 역할을 해줘야 하고 연결하는 역할도 누군가 반드시 해줘야 됩니다.

노마시안은 우리 삶의 움직임이자 트렌드이고, 방향성입니다. 노마시안은 마지막 남은 기회의 땅, 아시아에서 도전하는 그룹입니다. 우리는 한국만이 아니라 아시아를 시장으로 인식해야 합니다. 프레임을 바꾸고 시각을 넓힐 때 많은 인적 · 물적 네트워크와 기회들이 보입니다. 그것을 통해 우리나라의 힘도 더 강화될 것이라 믿습니다.

지금 많은 노마시안이 있습니다. 이 책을 통해서 더 많은 노마시안이 연결될 수 있기를 바랍니다.

목 차

01
프레임을 바꾸면 새로운 아시아가 보인다

02
부와 행복을 누리며 살아가는 사람들

03
아세안 10개국의 노마시안 라이프 전격 해부

04
중국 부동산을 알면 아시아 부동산이 보인다

05
이제 코리안이 아니라 노마시안으로 살아가라

나는 2004년부터 3년여 동안 상하이에서 근무한 적이 있습니다. 1990년
대부터 시작한 중국의 경제 발전이 본격적으로 가속화하고 있을 때였고,
그때 나는 세계 역사의 커다란 터닝 포인트를 지켜본 증인이었습니다.
산업혁명으로 세계의 축이 구미로 기울어진 이후 150여 년 만에 다시 세
계의 맹주로 등장한 중국의 미래를 보았습니다. 배 회장을 처음 만난 것
도 그때입니다.

배 회장은 그때부터 지금까지 세계의 축을 따라 이동하는 것이 아니고,
이동하는 축을 선도하는 도선사(ship pilot) 같은 역할을 해오고 있습니
다. 중국에서는 상하이와 선전에서 시작하여 서부 내륙을 개척하였고,
동남아시아에까지 영역을 넓힌 지는 오래입니다. 가는 데마다 좋은 인재
들을 발굴하고 양성하여 영토를 늘리고 있는 배 회장은 '아시아의 유목
민(Nomad in Asia)'입니다. 아니, 더 나아가 세계의 중심축이 되고 있는
아시아(Asia)의 영웅, 현대의 징기스칸(Genghis Khan)이 되리라 기대
합니다.

– 김종수(전前 한국뉴욕주립대학교 부총장)

익숙한 곳을 떠나야만 비로소 보이는 것들

한국을 벗어나 글로벌 무대로 진출하고자 하는 사람들에게 저자는 이제 '노마시안'이 되자고 한다. 앞으로 세계는 달리는 말에 비유되는 아시아가 주도할 것이다. 그 말에 올라타 춤추는 노마시안이 되어 경제 · 문화 · 교육 · 사회 등 다방면의 삶을 업그레이드하고 싶은 사람들에게 이 책의 일독을 권한다.

— 박상윤(상해한국상회 한국인회 회장)

『노마시안(Nomasian)』 출간을 진심으로 축하드립니다. 『노마시안』을 통해 0.5억 한국에서 15억 중국을 넘어, 45억 아시아는 물론 78억 세계를 대상으로 비즈니스를 하는 750만 명의 해외 디아스포라(Diaspora)에게 꿈과 비전을 심어주는 노마시안 배양희 대표를 응원합니다.

— 정운성((주)아시아로 대표)

캄보디아 프놈펜

일이란 신성하고 노동은 존엄합니다. 왜냐하면 직업은 자신의 소명으로 말미암기 때문입니다. 직업이 단순히 생계수단이나 입신양명에 머무는 것이 아니라, 좀 더 고귀한 부르심에 있기 때문입니다. 제가 아는 배양희 대표는 처음부터 부동산에 대한 전문적인 지식을 갖고 준비한 사람은 아닙니다. 그러나 가볍게 시작한 일이 직업이 되었고 이제는 직업 속에 부르심과 사명까지 발견하며 코리아부동산에서 블루아이의 꿈, 노마시안의 새로운 트렌드를 완성해가고 있습니다. 내가 사는 땅, 내가 만나는 사람, 내가 하는 일을 지역과 공간의 한계를 넘어 한국, 중국, 아시아, 세계를 향해 장막을 펴고 또한 넓혀가는 배양희 대표의 노마시안의 원대한 꿈은 진정한 본향에 이를 때까지 계속될 것입니다.

– 엄기영(상하이한인연합교회 목사)

말레이시아 조호바루 메디니

『노마시안』은 저자가 발로 쓴 책이다. 배양희 대표는 노마시안의 삶을 직접 증거로 살아온 사람이다. 중국과 아시아를 중심으로 해서 전 세계의 비즈니스맨들과 만나서 그들의 삶을 돕는 일을 해왔다. 특별히 중국과 아시아를 거점으로 아시아인들의 새로운 라이프스타일을 제안하고 있다. 또한 기업을 운영하는 경영자로서 단순히 사업의 수준을 넘은 경영의 레벨에서 직원과 고객들로부터 꾸준히 사랑받는 일을 해오고 있다. 이번 책을 통해서 그 노하우를 공개한 것 같다. 배양희 대표의 30년 노마드 생활의 지식을 얻고자 한다면 일독을 권한다.

– 김경민(가인지캠퍼스 대표)

캄보디아 프놈펜 동남아시안게임 경기장

NOMA
SIAN
LIFE
STYLE _____

'노마시안(Nomasian)'은 유목민을 뜻하는 '노마드(Nomad)'와 '아시안(Asian)'의 합성어로, 직역하면 '아시아 신유목민'입니다. '노마시안들은 아시아의 한 나라에서 다른 나라로 자유롭게 옮겨다니며 살아갑니다. 우리가 '코리안에서 아시안으로' 프레임을 바꾸고 시각을 넓힐 때 많은 인적 · 물적 네트워크와 기회들이 보입니다. '노마시안'은 우리 삶의 움직임이자 트렌드이고, 방향성입니다.

프레임을 바꾸면
새로운 아시아가 보인다

'노마시안'은 우리 삶의

움직임이자 트렌드이고,

방향성입니다.

–

중국 상하이

1 | 프레임을 바꿔
노마시안으로 살자

　2003년 어느 날 말쑥한 정장 차림의 70대 노신사 한분이 찾아왔습니다. 미국에 계시다가 상하이에 거주하시기 위해 오신 그분에게 몇가지 정보를 드린 후에 저는 궁금해졌습니다. 왜 그 연세에 먼지 폴폴 나는 중국에 오시려고 하는지 여쭈어보았습니다.

　청년 시절 뉴욕 맨해튼을 바라보면서 가슴 벅찬 아메리칸 드림을 꾸셨다고 합니다. 그래서 미국에서 공부하고 의학박사가 되어 지금까지 미국에서 성공하며 살아오셨다고 했습니다.

　그러던 어느 날 중국 상하이 포동으로 여행을 와서 황포강을 바라보는

데 '차이나 드림'이라는 가슴 벅찬 꿈과 비전이 다시 생겨 상하이로 오셨다고 했습니다.

인생에서 두 번째 설렘이라고 하셨습니다. 당시 저는 중국에 온 지 얼마 안 된 30대였기 때문에 인생의 성공가도를 걸으신 그분의 꿈과 비전이 마치 제 꿈인양 설렘과 기대가 가득 밀려왔습니다. 어쩌면 그때의 대화가 저로 하여금 "중국은 나의 꿈과 인생의 도전"이라는 프레임으로 살아오는 데 영향을 미쳐왔던 것으로 생각됩니다.

30대 초반에 '니하오'도 모르고 중국 상하이에 발을 디뎠는데 지금은 50대가 넘어 조국이 아닌 아시아에서 '노마시안'의 삶을 살고 있습니다. 해외에 살다 보면 정말 다양한 삶을 사는 분들의 모습을 만나게 됩니다.

한국에 있으면 절대 만날 수 없는 분야의 분들이 교민이라는 이름으로 이웃이 되고, 학교 학부모라는 이름으로 친한 친구가 되기도 하면서, 새로운 라이프의 경험을 가까이에서 할 수 있어서 삶의 기준과 방식이 정말 다양해진다는 이득이 있습니다.

지금까지 한국 사회에서는 유교문화의 영향으로 성실·근면·법질서에 대한 순종 등의 가치가 우선시되었습니다. 이러한 문화적 경향은 한편으로 안정적인 경제성장을 만들어낸 원동력이 되었지만 또 한편으로는 권위적·집단주의적인 문화, 닫혀 있는 사회를 만들었습니다.

01 프레임을 바꾸면 새로운 아시아가 보인다

말레이시아 조호바루에서

노마시안

하지만 21세기 4차 산업혁명 시대의 아이콘은 창의와 혁신입니다. 과거에 한강의 기적을 가져다주었던 한국 문화의 일면은 이제 단점으로 비춰지기도 합니다. 기술 혁신으로 하루가 다르게 세상이 바뀌는 지금 나부터 조금씩 태도를 바꿔야 합니다.

"프레임을 바꾸면 성공한다!"

프레임이란 틀입니다. 세상을 바라보는 관점입니다. 그러면 어떤 프레임으로 바꿔야 할까요? 좁은 한국사회에서 부대끼며 살아가고 있다면 결론은 '코리안에서 아시안으로' 시각을 넓혀야 한다는 것입니다.

1992년 중국과 수교 이후에 한국을 떠나 새로운 아시안 라이프스타일을 살아가는 이들이 있습니다. 2002년 이후 한국의 중국 수출이 급속히 증가하여 중국은 미국과 일본을 제치고 한국의 최대 무역 상대국이 되기도 했습니다. 차이나 드림을 꿈꾸며 성공과 실패를 반복하다가 일부는 한국으로 다시 돌아갔지만, 많은 분들이 중국에 남았습니다.

그분들은 씨앗이 되었고, 이제 더 많은 사람들이 더 큰 기회와 많은 선택을 위해 기회의 땅으로 나와 있습니다. 베트남, 말레이시아, 태국, 캄보디아, 미얀마 등 아시아의 나라들을 자유롭게 넘나들며 아시안 드림을 꿈꾸며 살아가고 있습니다. 저 역시 중국을 시작으로 아시아를 드나들며 사는 사람입니다. 저는 우리를 이렇게 부르기로 했습니다.

'노마시안(Nomasian)'

노마시안은 아시아를 거점으로 장기 거주하는 재외동포 및 재외국민 이라고 보시면 됩니다. 재외국민들은 아시아의 각 나라에서 외국인으로 살아가고 있는 것입니다. 이 경우 정치, 부동산, 교육에 대한 국가적인 혜택은 별로 없습니다. 이민자의 경우, 국민으로 인정해주기 때문에 아 무래도 어느 정도 혜택은 있겠지요. 그런데 베트남이나 중국 같은 사회 주의 국가에서는 이민 제도가 없습니다. 주재원으로 노마시안이 되신 분 들도 있습니다. 그런 분들은 대부분 회사에서 거주비 등을 지원해주기 때문에 더 쉬울 수도 있겠지요. 그렇지 않고 자립적으로 오시는 분들도 있습니다.

노마시안은 유목민을 뜻하는 '노마드(Nomad)'와 '아시안(Asian)'의 합 성어로, 직역하면 '아시아 유목민'입니다. 노마시안들은 아시아의 한 나 라에서 한 나라로 자유롭게 옮겨다니며 살아갑니다. 왜냐하면 어떤 나라 도 노마시안의 진정한 고향이 아니기 때문입니다. 노마시안들은 다른 나 라로 옮겨가는 것을 두렵게 느끼지 않고 이사를 다니는 느낌으로 이동해 다닙니다. 특히 국경이 붙어 있거나 한두 시간이면 갈 수 있는 나라들은 정서적으로 가까운 느낌도 들 정도입니다. 한국에서 고향에 있을 때는 움직이기 힘들지만, 타지로 한번 가면 이사 다니는 것이 쉬운 것과 마찬 가지 이치입니다. 한국에 있을 때는 나오기 쉽지 않지만, 한번 해외로 나 오면 옮겨다니는 것이 쉬워집니다.

물론 한국은 노마시안들의 조국입니다. 그리고 저 역시 한국인입니다. 외국에 살다 보면 한국이 더 잘되었으면 좋겠고, 더 관심이 갑니다. 해외에 나와 살면서 제가 한국인이라는 것이 자랑스러울 때도 많습니다. 주변에는 노후에 한국으로 돌아갔으면 좋겠다는 생각을 가진 분도 많습니다. 외국에 나와서 살다 보면 더 애국자가 되는 것 같기도 합니다. 우리는 각 나라에 외교관 같은 마음으로 살고 있습니다. 그래서 행동을 할 때도 한국이 잘못 보이지 않도록 조심하고 노력합니다. 어찌 보면 저는 한국을 더 잘되게 만들기 위해서 노마시안으로 살고 있습니다.

　노마시안은 우리 삶의 움직임이자 트렌드이고, 방향성입니다. 노마시안은 마지막 남은 기회의 땅, 아시아에서 도전하는 그룹입니다. 우리는 한국만이 아니라 아시아를 시장으로 인식해야 합니다. 프레임을 바꾸고 시각을 넓힐 때 많은 인적·물적 네트워크와 기회들이 보입니다. 이 책에서 그 기회를 소개하겠습니다.

우리가 아시아로 나와야 하는 이유

2019년 국토교통부 고시계획현황 통계 조사결과에 따르면 대한민국 인구는 5,185만 명으로 세계 28위입니다. 국토 면적은 106,210㎢입니다. 면적만 놓고 보면 세계 107위밖에 안 됩니다.

즉, 나라는 작은데 사람은 많습니다. 도시지역은 전체 국토 면적의 16.7%밖에 되지 않는데, 주민등록 상 총인구 5,185만 명 중 91.8%인 약 4,759만 명이 도시 지역에 거주하는 것으로 나타나 있습니다. 경쟁도 치열하고 부동산 문제가 발생하지 않을 수 없습니다.

2020년 통계청과 UN의 자료에 의하면 전 세계 인구는 77억 9,479만 8,729명이라고 합니다. 그 중 아시아 인구는 44억 명이상으로 세계 인구의 60%가 아시아에 살고 있습니다.

아시아 대륙에는 세계에서 인구가 가장 많은 국가인 중국(14억 4천 명) 과 인도(13억 8천 명)가 포함되어 있는데 이 두 나라 인구의 합계만으로도 세계 인구의 3분의 1이 넘습니다. 그중에서 아세안 10개국의 인구가 6억 5천만 명 정도 됩니다.

그리고 14억 4천 명의 인구인 중국과 아세안 10개국을 합치면 20억이 넘습니다. 이것이 바로 우리가 아시아로, 세계로 나와야 하는 이유입니다.

아세안 10개국 인구(2020년 기준)

아세안 10개국 인구	
브루나이	43만 7,479명
캄보디아	1,671만 8,965명
인도네시아 (세계 4위)	2억 7,352만 3,615명
라오스	727만 5,560명
말레이시아	3,236만 5,999명
미얀마	5,440만 9,800명
필리핀	1억 958만 1,078명
싱가포르	585만 342명
태국	6,979만 9,978명
베트남	9,733만 8,579명

2 | 노마시안은 왜 아시아로 뛰쳐나왔을까?

대한민국의 1인당 GDP는 3만 달러가 넘습니다. 이렇게 발전한 나라에서 고등교육을 받았는데도 어떤 사람은 밤늦게까지 일해도 돈을 조금밖에 못 법니다. '머리가 모자라서 그런 것도 아닌데 왜 이런 상황을 겪어야 하는 걸까?' 생각을 해보면, 기회가 적기 때문입니다.

한국은 기본적으로 계층 구조가 어느 정도 세팅되어 있는 사회입니다. 이미 주류가 다 자리를 잡았기 때문에 경쟁도 치열합니다. 비주류가 계층상승을 할 수 없다는 것이 아니라, 기회 자체가 적다는 의미입니다. 반면 아시아로 나오면 아직도 기회가 너무 많습니다. 인구수로 보나, 국토 면적으로 보나 그 기회들이 눈에 훤히 보입니다. 노마시안으로 살아가면서 가장 이로운 점은 새로운 도시, 새로운 나라에서 전혀 다른 방법으로 도전을 할 수 있고, 성공의 가능성이 커진다는 사실입니다.

지금 15년차 노마시안 디자이너 한 분은 30대에 서울에서 거래처를 가기 위해 자주 테헤란로를 가게 되었는데 높은 빌딩을 보면서 이 빌딩숲에 내 자리는 없다는 생각이 자주 들었다고 합니다. 나는 열심히 살았고 도전하려고 했는데 현실은 머리 둘 곳은 없다는 생각으로 마음이 답답했다고 합니다.

이미 세상은 세팅이 되었고 벗어날 방법은 없을까 생각하던 중이었습니다. 그때 친척분이 젊었다면 해외에 가서 살아보고 도전해보고 싶다고 하시던 말씀이 마음 속에 다가왔다고 합니다.

그러던 중 다니던 회사가 한국에서 부도가 나서 보증을 섰던 본인의 집을 매각할 수밖에 없는 힘든 상황이 되었는데, 이전에 다니던 회사 사장님의 제안으로 중국에 기획자 디자이너가 필요하다고 해서 마음속에 평소 꿈틀대던 도전을 한번 시도해보게 되었습니다. 아이들에게 언어를 선물해주면 자신보다 더 기회가 생기지 않을까 생각에 가족들과 함께 중국에 오게 되었습니다.

지금 아이들 2명은 모두 중국에 있는 대학으로 진학했으며 그분의 꿈대로 중국어 · 한국어 · 영어를 선물로 줄 수 있게 되었습니다. 물론 디자이너로서의 삶을 잘 살아가고 있습니다.

노마시안 청년 K는 가정형편도 좋지 않고, 학력도 좋지 않았습니다. 뭘 시도해도 제대로 되지 않아 회의를 많이 느꼈다고 합니다. K의 첫 직장은 63빌딩에 있었는데, 6개월 동안 선배들을 보고 일하면서 많은 생각을 했다고 합니다.

'도대체 나는 뭘까? 이 나라에서 나는 왜 필요한 걸까?'
'내가 여기에서 살아남을 수 있을까?'

그래서 K는 도전하는 마음으로 일본에 갔습니다. 일본 가이드가 되려고 했는데 1년 공부로는 부족해 다시 대학에 들어갔고, 졸업해서 거기서 취직을 했습니다. 그러다가 2007년에 지인을 통해서 중국으로 들어와 지금은 성공하여 아주 잘 살고 있습니다. 노마시안으로 말이죠.

"1995년 동경에 갔을 때는 전 세계에서 동경 물가가 가장 비쌌거든요. 2007년 상하이에 오니까 상하이 물가가 가장 비싸더라고요. 아마 다음에 제가 가게 될 곳은 전 세계에서 물가가 비싼 새로운 도시일 것 같습니다. 두바이일 수도 있겠죠."

얼마 전에 만난 상하이의 한국 식당 사장님은 여자분이었습니다. 이미 5개의 분점을 직접 운영하고 계셨습니다. 평소 중국인 고객이 많은 곳이라 사장님이 중국인인 줄 알았는데 만나 보니 여리여리한 한국인 여사장님이셨습니다. 가족은 한국에 있고 코로나 때문에 집에도 못 가고 혼자 상하이에 머물러 계시다고 했습니다. 처음엔 가족 모두 중국에 왔고 지금은 학교 때문에 가족들은 한국으로 갔다고 했습니다.

중국에서 사업한 지 6년밖에 되지 않았지만 새롭게 도전한 분야에서 성공을 거두어가고 있습니다. 6년 전이면 2014년으로 많은 교민들이 이제 중국에는 기회가 없다면서 다시 한국으로 복귀하던 시기였고 지금도 많은 분들이 중국에는 기회가 없다고 합니다. 그러나 이 사장님은 그 시기에 반대로 중국으로 들어와서 사업을 했고, 지금 그 식당 앞은 식사하기 위해 줄 서 있는 수많은 중국인으로 북적북적합니다. 코로나 시기임에도 한국음식을 맛보기 위해 방문하는 수많은 중국인을 보면서 참 신기합니다.

그 사장님의 말씀이 귀에 아른거립니다. "저는 뭘 해도 잘되더라고요, 복이 많은가 봐요!" 그 복은 뭘까 생각해보니 긍정적이고 도전하는 자세와 태도가 아닌가 싶습니다.

한 번도 해외에 나와 보지 않은 아이들은 부모가 '갈래?' 하면 대부분 안 간다고 합니다. 한번이라도, 여행이라도 같이 나와 보면 '갈래.' 하고 달라지는 경우가 많습니다. 여하튼, 일단 나가서 경험해보는 것이 중요합니다. 그러면 정확한 판단이 서게 되죠. 경험이 없는데 어떻게 쉽게 나가겠다는 생각을 하겠습니까?

　어른도 마찬가지입니다. 설문조사에 따르면 성인 남녀 60% 이상이 해외로 이민을 가고 싶다고 합니다. 그러나 실제로 행동으로 옮기기는 쉽지 않죠. 일단 두려워도 떠나보세요. 익숙한 곳을 떠나야만 보이는 기회가 있습니다. 지금 여러분과 맞지 않는 장소에 있다면 맞는 장소로 이동하는 것이 중요합니다. 그 선택이 인생을 바꿀 수도 있습니다.

노마시안의 규모

현재 재외동포가 2019년 기준으로 총 7,493,587명이라고 합니다. 아시아 지역의 재외동포(노마시안을 포함한)들이 3,878,804명으로 52% 정도를 차지합니다. 아시아 지역 중에서도 한국 재외동포들이 가장 많이 가 있는 나라가 중국입니다. 246만 명 정도 됩니다. 2위는 82만 명 정도 있는 일본이죠. 그 외에도 필리핀이 8만 5천 명, 인도네시아 2만 2천 명, 싱가포르 2만 1천 명, 말레이시아 2만 명, 태국 2만 명, 캄보디아 1만 1천 명, 인도 1만 1천 명이 있습니다. 최근에는 베트남에 간 교민 숫자가 상당히 많습니다. 지금 베트남에 있는 교민 수가 17만 명 정도 된다고 합니다. 통계는 2년에 1번씩 집계합니다.

미국(2,546,952명), 중국(2,461,386명), 일본(824,977명), 캐나다(241,750명), 우즈베키스탄(177,270명),베트남(172,684명), 러시아(169,933명), 호주(167,331명), 카자흐스탄(109,923명), 필리핀(85,125명) 순으로 재외동포가 다수 거주 중입니다. 중국의 경우, 중국 정부의 외국인 취업허가제도 강화, 경기 침체 등의 이유로 재외국민이 귀국하거나 동남아 등지로 이전하여 재외동포

수가 다소 감소하였습니다. 베트남은 기업 투자 진출 등의 요인으로 증가했습니다. 올해는 중국의 재외국민은 더 줄고, 베트남은 더 늘었을 것으로 생각됩니다.

재외동포 현황 통계 (단위 : 천 명)

	2001	2003	2005	2007	2009	2011	2013	2015	2017	2019
동북아시아	2,671	3,044	3,340	3,655	3,249	3,618	3,467	3,442	3,367	3,286
일본	640	899	901	893	913	913	893	856	819	825
중국	1,888	2,145	2,439	2,762	2,337	2,705	2,574	2,586	2,548	2,461
남아시아 태평양	–	196	249	384	461	453	486	511	558	592
북미	2,376	2,327	2,285	2,233	2,326	2,307	2,297	2,463	2,733	2,789
미국	2,123	2,157	2,087	2,017	2,102	2,076	2,091	2,239	2,492	2,547
캐나다	141	170	198	216	223	231	206	224	241	242
중남미	–	106	107	108	107	113	111	105	107	104
유럽	–	652	640	645	656	657	616	627	631	687
아프리카	5	5	8	8	9	11	11	12	11	11
중동	7	7	7	9	14	16	25	26	24	24
합계	5,654	6,337	6,638	7,044	6,823	7,176	7,012	7,185	7,431	7,493

참고	출처 : 2018년 12월 31일 기준. 외교부 외교부는 2년마다 재외동포 현황을 조사하여 홈페이지에 공개하고 있다고 합니다.

재외동포 다수 거주 국가 현황 (단위 : 명)

순위	국가명	2019
1	미국	2,546,982
2	중국	2,461,386
3	일본	824,977
4	캐나다	241,750
5	우즈베키스탄	177,270
6	베트남	172,684
7	러시아	169,933
8	호주	167,331
9	카자흐스탄	109,923
10	필리핀	85,125
11	브라질	48,281
12	독일	44,864
13	영국	40,770
14	뉴질랜드	38,114
15	프랑스	29,167
16	아르헨티나	23,063
17	인도네시아	22,774
18	싱가포르	21,406
19	말레이시아	20,861
20	태국	20,200

참고	중국 체류 한국인 30만 7천 명(2019년 재외동포 현황) 한국 체류 중국인 107만 명(중국 동포 73만 명 포함) 2018년 12월 기준 법무부 유학생(2019년 4월 기준) 한국 내 중국유학생 71,607명, 중국 내 한국유학생 50,600명

01 프레임을 바꾸면 새로운 아시아가 보인다

말레이시아 전통마을

01 프레임을 바꾸면 새로운 아시아가 보인다

3 | 전 세계의 문화와 부딪치며 배워라

노마시안으로 살아가면서 가장 크게 얻는 긍정적 요소는 언어입니다. 영어는 기본이고 중국어든 무엇이든 2개의 외국어를 기본으로 하게 됩니다. 그러나 이 이유만으로 노마시안이 되라고 권유하면 이렇게 물어보는 분들이 많습니다.

'구글 번역이 대신해주는데 굳이 외국어 잘할 필요 있나?'

그러나 AI시대에도 외국어를 배워야 하는 여러 가지 이유가 있습니다. 기계에 의존해서 필요를 충족할 수는 있습니다. 그러나 진정으로 그 나라 사람들과 연결되고 싶다면 언어가 필요합니다. 특히 지금은 언택트

시대라서 언어만 된다면 온라인을 통해 전 세계와 활발히 소통할 수 있습니다. 그러면 '국내에서도 언어를 잘할 수 있는데, 굳이 밖에서 배울 필요가 없지 않나?'고 하시는 분들도 있을 것입니다. 그러나 언어를 잘한다고 해서 무조건 문화를 받아들일 수 있는 것은 아닙니다.

일본에 12년 살았지만, 그 나라를 떠나고서야 비로소 그 사실이 느껴졌다고 고백한 노마시안이 있습니다. 12년 있었으니까 일본어는 잘했습니다. 그런데 그들과 잘 섞이지는 못했습니다.

왜일까요? 결국 문화적인 요소 때문이었습니다. 일본어를 잘해도, 문화를 받아들이지 못해 섞일 수 없었던 것입니다.

언어만 잘 아는 사람은 그들에게 '우리말을 잘하는 외국인'일 뿐입니다. 그러나 문화를 알면 '얘가 정말 우리나라를 좋아하는구나. 우리나라를 이해하고 있구나.' 하고 마음을 열어주는 것이 느껴집니다. 문화적으로 동질감을 갖고 공감대가 형성되면 오히려 언어를 잘할 때보다 더 가까워지고 하나가 될 수 있죠.

예를 들어 그냥 중국말을 하는 것과 어떤 상황에 맞게 사자성어를 했을 때의 반응이 다릅니다.

'너 이런 말도 할 줄 알아? 이런 말은 중국 사람 아니면 모르는데.'

오히려 중국어를 잘 구사하는 것보다 잘 못해도, 문화를 이해하려고 하는 노력이 그들의 마음을 열 수 있습니다. 다양한 언어와 문화를 접하는 것이 경쟁력입니다. 언어를 알고 그 지역 네트워크가 있고 문화를 이해하는 사람이라면 경쟁력이 더 크겠지요. 어느 한쪽만 있어서는 강한 경쟁력을 가질 수 없습니다.

중국어를 할 줄 아는 통역사분이 있었습니다. 그런데 이분을 쓰면 협상을 따내는 것이 너무 어려웠습니다. 말만 전달하고 마음이 전달 안 돼서였죠.

예를 들어 중국 사람한테 업무를 제시했고 그 사람이 답변을 했을 때 그 사람은 생각해보겠다는 뜻으로 '괜찮다.'라고 얘기했는데 통역사가 '괜찮대.' 이렇게 표현하면 잘못 판단할 수도 있습니다. 중국에 살아본 사람들은 '이건 거절의 뜻일 수 있겠구나.'라고 깨달을 수 있습니다.

문화를 알지 않고 비즈니스를 한다는 것은 어렵습니다. 어쨌든 비즈니스라는 건 상대의 문제를 해결해주는 것입니다. 그 사람의 어려운 점을 해결해주고 그에 대한 대가로 돈을 받는 것입니다. 우리는 고객에 대해서 '이 사람들이 진짜 왜 이런 행동을 할까?'라고 생각하지만, 정작 고객 본인 스스로도 모를 수 있습니다. 그것을 끄집어내려면 문화를 알아야 합니다. 문화로 이 사람들을 이해했을 때 비즈니스의 방법이라든지 기회가 많아집니다. 마음의 문이 열리면 비즈니스는 자동으로 됩니다.

언어나 문화를 배우는 이유는 그들과 하나 되어 행복하고 즐거운 삶을 살기 위한 것입니다. 노마시안에게는 이러한 혜택이 더 쉽게 주어집니다. 노마시안들은 아시아를 옮겨다닙니다. 그곳에서 살면서 그곳의 언어를 배우고, 그곳에서 비즈니스를 할 수밖에 없습니다.

다른 언어를 사용하고 다른 문화를 받아들이면서 다른 세계로 나아간다는 것. 낯선 세상에 받아들여지는 경험은 무한대의 성취감을 주고 그 성취감은 곧 자신감으로 이어집니다. 문화라는 경쟁력을 갖추게 됩니다.

4 | 자산을 운용하는
관점을 넓혀라

최근 이건희 삼성 회장의 별세로 한국의 정치, 행정과 기업의 수준을 새삼 되돌아보게 됩니다. 그동안 삼성은 일본의 소니 등을 제치고 스마트폰, 반도체, TV를 포함해 세계 1등 제품을 다수 보유한 기업으로 올라섰습니다. 한국을 대표하는 기업들도 눈부신 발전을 이뤄 세계 일류 기업의 반열에 도약했습니다. 해외에 나오면 코리아라는 국가 브랜드보다 삼성, LG 등 기업 브랜드로 인해 더 인정받습니다. 코리아는 잘 몰라도 삼성이나 LG 제품을 쓴다는 외국인도 많습니다.

그러나 경제계에서는 한국을 '기업하기 힘든 나라'라고 합니다. 해외에 진출한 한국 기업들은 자국 복귀 타진 시 96%가 '생각하고 있지 않다.'라고 답변했다고 합니다. 한국의 기업들이 초일류기업이라는 평가를 받을 수 있게 된 것은 자칫하면 무너질 수 있다는 위기의식 아래 필사적으로 혁신에 나섰기 때문입니다. 미래를 위해 반도체, 스마트폰, 배터리, 디스플레이, 수소차 등 끊임없이 새로운 아이템을 찾아 육성해왔습니다. 그러나 하루가 멀다 하고 세계시장에서 뛰는 일류기업의 발목을 잡는 각종 규제가 쏟아집니다. 버틸 힘이 없는 중소·중견기업들은 해외로 갑니다. 한국은 갈수록 기업하기 힘든 나라가 되어가고 있습니다.

전 세계적으로 합법인 우버 택시도 한국에서는 불법입니다. 간편결제, 공유경제 쪽도 제도적으로 풀리지 않아서 안 되는 것이 많습니다. 중국만 해도 훨씬 열려 있습니다. 중국은 먼저 하게 열어두고 나중에 제도적으로 보완해나갑니다. 공산당이 14억 중국인을 DB화하고, 14억 개의 DB가 다시 빅데이터로 재탄생해 클라우드, 인공지능, 사물인터넷 기술과 융합하면 새로운 중국식 혁신이 가능해집니다. '선개방 후규제'로 진화한 기술이 시장을 융합시킵니다. 중국인은 철저한 '실사구시' 노선을 걷습니다.

인프라가 잘되어 있고 플랫폼이 잘되어 있습니다. 전화 하나 가지고 작은 상점을 내고 위챗 안에서 유통을 하고, 방송 채널을 통해서 커피를 재배하는 사람이 직접 물건을 팝니다.

한국에서 가장 두드러진 것이 전세 문화입니다. 해외 부동산을 보면

01 프레임을 바꾸면 새로운 아시아가 보인다

다 월세입니다. 렌트비를 다 월세로 냅니다. 그전까지만 해도 서민들에게 전세는 유용한 제도였습니다. 전세를 끼고 집을 살 수 있었으니까요. 그래서 내 집 마련의 꿈을 이루게 되었던 것인데, 이제 점점 전세대출, 전세자 보호법 등 전세를 끼고 대출이 안 나온다거나 투자를 할 수 없다거나 하는 제한이 생기고 있습니다. 또 한 가지는 상속세, 증여세 부분입니다. 우리나라에만 있는 건 아니지만 한국에서는 세금을 많이 내야 하니까 한국 부동산에서 재미를 못 느끼게 됩니다.

20년 전 결혼 초창기에 서울 양평동에 2억짜리 집을 사두고 중국을 건너온 분이 있습니다. 2020년 현재 그 집 가격이 8억이 되었습니다. 한국에서 2억이 8억이 된 것은 돈을 벌었다는 의미가 있을 수도 있지만 시간 대비해서는 큰 돈을 번 개념이 아니라고 했습니다. 한국의 부동산은 '내가 언젠가는 돌아갈 수 있는 곳'이라는 의미가 담겨 있다고 했습니다.

이분은 말레이시아에도 부동산이 있습니다. 말레이시아에서는 자산을 볼 때, 처음 구입한 가격과 지금의 가격 차이보다는 노후에 관심이 있습니다. 언젠가는 우리 자녀들, 손주들과 같이 와서 휴식공간으로 이용할 수 있다는 데에 가치를 둡니다.

중국에서의 부동산은 이분에게 20년 삶에 대한 대가이자 보상입니다. 작은 부동산이라도 있었기에 어려운 사업을 이어가기도 했고, 아이들 학비로 사용하기도 했고, 중국에서 버틸 수 있는 힘이 되었다고 합니다. 지금 캄보디아의 부동산은 미래를 생각하며 노후보장에 대한 꿈을 꿀 수 있는 곳이라는 생각으로 관심을 가지고 있습니다.

돈을 많이 벌려는 목적보다는 사용가치를 생각해보게 됩니다. 돈을 많이 버는 것이 우선이 아니라 각 나라마다 개인에게 주는 가치와 목적이 다릅니다. 그래서 노마시안으로 살아가면 각각의 나라에서 최대의 가치를 얻을 수 있습니다. 더 풍요로운 삶을 누릴 수 있습니다.

노마시안에게 이런 사례들은 아주 많습니다.

어떤 30대 중반인 지인은 남편이 주재원으로 중국에 오게 되었는데 아이들의 국제학교 학비가 너무 많이 들어서 늘 고민을 했습니다. 회사에서 100% 학비를 제공해주지 않다 보니 늘 부담을 갖게 되었습니다. 그러다가 중국 부동산 시장이 좋은 환경임을 알고 적은 금액을 투자해서 집을 장만했습니다. 목적은 아이들 학비를 벌어서 한국으로 돌아가는 것이었습니다.

당시 1억 정도 현금을 주고 나머지 70%는 대출을 받아 집을 구매하고 렌트를 주었습니다. 월 상환금은 렌트비로 70% 정도는 충당이 되었고 주재기간 3년을 마치고 판매를 하고 한국으로 복귀하게 되었습니다. 집을 매각 후 대출 다 상환하고 나니 현금을 3억을 받게 되었습니다. 원금뿐이 아니라 아이들 학비를 고스란히 벌었다고 기뻐하던 모습이 생생합니다. 더 욕심 부리지 않고 학비를 목적으로 준비한 미션을 잘 수행하고 한국으로 복귀했습니다. 참 지혜로운 분이라고 생각했습니다.

또 기억나는 한 분이 있습니다. 이분도 남편이 주재원이었습니다. 이분은 투자를 하면 매번 집값이 떨어져서 손해를 많이 보았다고 합니다. 그래서 남편이 잔소리를 많이 해서 이번엔 꼭 성공하고 싶다면서 제가 추천하는 건 무조건 구매하겠다고 하셨습니다.

당시 제가 괜찮다고 생각하는 부동산을 추천했습니다. 그리고 그 분은 남편 주재기간이 지나면 무조건 팔고 갈 것이라고 이야기했습니다. 그래서 포동에 깔끔한 아파트 한 채를 구매하고 렌트를 주었습니다.

그러던 어느 날 남편이 한국으로 복귀하게 되었다며 판매하게 되었습니다. 케이크를 사가지고 찾아왔습니다. "저, 집에서 영웅이 되었어요!" 라고 말씀하셨고 이익을 많이 내서 이제 가족들에게 미안해하지 않아도 된다고 했습니다.

계산을 해보니 남편이 중국에서 번 월급보다 본인이 더 많이 벌었다면서 어찌나 기뻐하시던지 아직도 그날의 표정이 생생합니다.

저는 평소 돈이 생길 때마다 조금씩 부동산을 사두었습니다. 작은 것도 사고, 큰 것도 사고, 공동투자도 해보고 다양한 방법으로 중국에서 투자 경험을 했습니다. 20여 년 회사를 운영하다 보니 한 번씩 어려운 시기가 찾아옵니다.

정말 어떤 땐 비즈니스가 많이 어려웠습니다.그래서 집을 사두었던 것을 하나씩 판매하면서 아이들 학비도 내고, 또 사업자금도 모자랄때 채워두었습니다. 만일 부동산을 투자하지 않고 현금으로 가지고 있었다면 사업자금으로 전부 다 사용할 수도 있겠다 싶어서 항상 자금을 묶어 두기 위해 부동산을 구입했습니다.

제가 어려울 때마다 늘 도움이 되었던 자금이 부동산이었습니다. 비즈니스와 투자는 반드시 같이 병행해야 한다는 걸 다시 한 번 생각했습니다. 처음부터 집을 사기 위해 그 나라에 간 것은 아니더라도, 각 나라의 자산을 취득하면서 그 나라를 알게 되고 이해하게 되고 새로운 일에 도전하게 됩니다.

부동산을 사면 그 지역을 보는 눈이 열립니다. 그 나라 비즈니스, 정치, 경제, 문화, 그리고 기회들을 생각해보게 됩니다. 전체적으로 경제를 바라보고 응용하는 시각이 넓어집니다.

01 프레임을 바꾸면 새로운 아시아가 보인다

01 프레임을 바꾸면 새로운 아시아가 보인다

베트남 호치민

5 | 하고 싶은 일을 새 무대에서 시작하라

우리가 살아가다 보면 꿈을 갖게 됩니다. 한국에서는 그 꿈을 이루기 위해 대학에 가고 졸업하고 전공을 통해 직업을 찾습니다. 그러나 그 직업을 찾지 못하면 뭔가 실패한 인생처럼 느껴집니다. 그러나 해외에서는 전공과 상관없이 내가 하고 싶은 일을 할 수 있는 기회가 있습니다. 특히 한창 개발 중인 아시아 국가들은 내가 하고 싶은 일에 대한 접근이 비교적 쉽습니다. 전공은 경영학이지만 인테리어를 할 수도 있고, 화학을 전공했지만 부동산업을 할 수도 있고, 디자인을 전공했지만 요식업을 할 수도 있습니다.

이것도 하고 싶고 저것도 하고 싶고 한 가지 일만 하고 싶지 않은 분들,

전공이 아닌 일을 업으로 삼고 싶은 분들은 동남아 시장으로 나오면 좋습니다. 아무래도 개발도상국 같은 경우 먼저 그 일을 해본 사람이 없을 수도 있습니다. 따라서 좋은 기술이나 트렌드를 먼저 캐치할 수도 있고 앞서 시작할 수도 있습니다.

제 지인의 전공은 경영이었지만 중국으로 와서 한창 도시개발을 하는 시기에 인테리어 회사를 차렸습니다. 한국에서는 인테리어 전공자가 아닌 데다 제한도 많아서 시장을 헤쳐나가기 힘들었을 것입니다.

어떤 분은 워낙 집 보는 것을 좋아했습니다. 중국에서 오자마자 한 일이 집 보러 다니는 것이었습니다. 그리고 집을 샀습니다. 친구 집 사주고, 친구 집을 관리했습니다. 1년에 20~30명 정도 들어오는 한국분들 임대도 그분이 했습니다. 화려하고 예쁘고 좋은 집만 보는 것이 아니라 '이런 집도 있구나, 중국 사람들은 이렇게 깜깜하게도 해놓고 사네.', '이 사람은 뭐 하는 사람인데 이렇지?' 그 집을 보면 집주인에 대한 생각을 하게 됩니다. 그리고 나라마다 집의 특성이 다릅니다. 집이 그 나라 문화뿐 아니라 생활, 의식주 모든 것에 연결되어 있음을 느꼈습니다. 그러다 보니 임대뿐 아니라 매매, 지인 관리를 넘어 부동산 일을 하게 된 것입니다.

중국 청년들은 창업 실패에 대한 두려움이 없습니다. 중국에는 창업에 실패하더라도 패자부활전을 통한 재창업과 자금 확대 지원 등 다양한 유인 정책이 있습니다. 예를 들어 창업에 실패한 뒤 재취업할 경우 각종 구직 관련 비용을 지방 정부가 보조하고, 창업 기간도 근무 경력으로 인정해 재취업 시 양로보험 등 5대 사회보장 비용 납부를 인정한다고 합니다.

무엇보다 창업 경험이 있는 구직자의 경우 공무원 시험 응시에서 가산점을 부여하는 등 다양한 우대 혜택을 제공함으로써 창업에 대한 불안감을 해소하고 있습니다. 자신의 아이디어, 능력을 가지고 자신만의 꿈을 이뤄내겠다며 '창업'을 준비하는 중국인들이 많아졌습니다.

예전에 들은 이야기인데 2011년 한국 모대학 이탈리어학과를 졸업하고 취업을 준비하던 K씨(28·여)에게 색다른 채용공고가 눈에 들어왔다고 합니다. 평소 즐겨 입는 브랜드인 유니클로 일본 본사에서 외국인 인재를 특채한다는 내용이었다고 합니다. 당초 한국에서 일자리를 갖겠다는 생각이었지만, 전공에서 불이익을 당할 수 있다는 생각에 그는 해외로 눈을 돌렸습니다.

K씨는 영어·이탈리아에 능통하고, 다양한 대외활동을 경험했다는 점에서 좋은 평가를 받았습니다. 그해 말 유니클로에 최종 합격한 그는 2014년에 일본 지바시 직영점 점장을 맡았다고 합니다.

급여는 일본인 사원과 똑같고 여기에 거주할 집과 1년에 한 번 한국에 다녀올 수 있는 교통비, 일본어 교육비 등이 추가로 지급됩니다. 스펙이

63

아닌 오로지 실력으로 평가받을 수 있다는 점이 해외 취업의 가장 큰 매력이라고 말할 수 있습니다.

세계를 무대로 새로운 시장을 개척하는 창업도 청년들만의 '블루오션'입니다. 캄보디아 프놈펜에 가면 작은 트럭에서 파는 독특한 요구르트 과일빙수를 맛볼 수 있다고 합니다. A씨(27)가 프랜차이즈를 선보였습니다. 모 대학 식품영양학과를 졸업한 그는 한국의 식자재 기업에서 근무한 경험을 살려 동남아시아에서의 창업에 도전했습니다. A씨는 "한국에선 일반적으로 보이는 비즈니스 아이디어도 개발도상국에 적용하면 새롭고 혁신적인 아이디어로 거듭날 수 있다"며 아직까지 수입은 적지만, 비전과 목표가 있기 때문에 즐겁게 일하고 있다고 합니다.

상하이에도 한국의 젊은 청년 창업자들이 많아졌습니다. 새로운 아이디어와 좋은 식자재를 위해 새벽시장을 다니며 중국인의 입맛을 선도하는 역할로 차이나 드림을 꿈꾸며 살아가는 젊은 경영자들을 보면 조건없이 도와주고 싶은 마음이 가득합니다.

한국에서는 만나는 사람들의 폭이 좁습니다. 그러나 해외로 나오면 다양한 인종과 문화의 외국인을 만날 수 있는 것은 당연하고 교민 사회에 속하게 됩니다. 의사, 파일럿, 대기업 사장, 글로벌회사 사장 등 너무도 다양한 사람들이 교민이라는 공통점으로 묶여 있습니다. 모두가 한국 대표로 그 나라에 나와 있는 겁니다. 한국에 있으면 만날 수 없는 분들을 만날 수 있는 기회가 있습니다. 교민 수가 적은 새로운 동남아 국가들은 한국과 중국보다는 이제 새로운 시작의 단계이므로, 내가 하고 싶은 일을 만들고 실행하기에 너무도 좋은 환경입니다.

아시아는 기회의 땅입니다.

02

NOMA
SIAN
LIFE
STYLE _____

아시아에 나와 실패를 경험하고 한국으로 돌아간 분들도 있습니다. 그러나 실패를 딛고 버텨서 지금도 노마시안의 길을 걷는 사람들이 있습니다. 아시아는 달리는 말이고, 노마시안은 달리는 말에 올라탄 사람들입니다. 노마시안의 시각은 한국에서만 사는 사람들과는 비교할 수 없이 넓습니다. 우물 안 개구리에서 벗어나 아시아를 판으로 놀 수 있습니다. 아시아는 우리 가까이 있습니다.

부와 **행복**을 누리며
살아가는 **사람들**

아시아는

우리 가까이 있습니다.

1 | 노마시안 라이프스타일 7가지 키워드

① 거주지 이동

옛날에 미국이나 유럽에 정착하기 위해서 가신 분들은 그 나라의 시민권을 따서 거기에 머물렀습니다. 그러나 노마시안은 조금씩 이동을 하고 있습니다. 아시아의 발전 속도가 빨라졌고 또 전 세계가 급변하기 때문에 적응하기 위함이기도 하고, 또 아시아 국가들의 국경이 붙어서 자유로운 이동이 가능하기도 한 이유도 있습니다.

또 다른 이유는 사회주의 국가에서는 시민권을 얻을 수 없으니, 머무를 수 있는 영주권을 연장하면서 삶을 살아가고 있거든요. 그런 삶을 살다 보니 한 나라에 머물 수가 없는 거죠.

　많은 사람들이 한곳에 머무르지 않고 다른 나라로 이동하는 것들에 익숙합니다. 사실 베트남에 가면 중국 상하이에 살던 사람들이 많습니다. 집은 중국 상하이고 베트남에 공장을 운영하고 아이들은 말레이시아에서 교육을 시키고 캄보디아에서 여행합니다. 지금 이런 삶의 형태들이 많이 진행되고 있습니다.

　상하이에 거주할 집을 두고 말레이시아에 또 하나의 집(2nd House)을 사용하면서 겨울이 되면 가족들이 한동안 장기 여행으로 가시는 분들도 계시고, 베트남이나 캄보디아에서는 비즈니스할 때 사용하려고 호텔로 가지 않고 또다른 숙소로 사용하시는 분들도 계십니다.

　아이들 대학교를 보내고 나면 다른 아시아국가들로 떠날 채비를 하는 분들도 많습니다. 아시아는 음식이나 생활 방식 등 문화적으로 비슷하기 때문에 언제 어디든지 떠날수 있는 마인드가 되어 있기도 합니다.

상하이 집 (가족)

상하이 황포강이 보이는 집 (지인모임)

02 부와 행복을 누리며 살아가는 사람들

싱가포르 바클린 컬리지

캄보디아 프놈펜 TK AVENUE

캄보디아 프놈펜 TK AVENUE 스타벅스

② 비즈니스 대상의 확장

옛날에는 거주지가 이동하면 수많은 부동산 환경이 변하고 삶의 문화 양식들이 변화했죠. 그래서 비즈니스를 할 때는 내가 사는 곳의 고객들로 한정되어 있었습니다. 그러나 지금은 노마시안들의 다른 나라로의 거주지 이동이 가능해지면서 비즈니스 고객 대상이 확장되었습니다. 한 지역, 한 나라가 아니라 아시아에 있는 지역들이 모두 비즈니스 대상으로 가능해졌습니다.

예를 들어 교육업을 하면 이 콘텐츠가 필요한 다른 나라가 있을 수 있다는 것, 그리고 콘텐츠를 그 나라까지 적용하는 것이 가능하다는 사실입니다.

산업발전에 따라 필요한 산업들이 각 나라에서 다 필수가 될 것이기에 미리 사업해본 경험들을 다른 국가들에 더욱 성공적으로 적용할 수 있습니다.

특히 코로나19로 인해 디지털로의 소통과 교류가 최소 5년은 앞당겨진 지금은 더더욱 세상이 넓어졌습니다. 줌이라는 앱을 통해 어느 나라에 있어도 각종 교육과 회의 등이 쉬워졌습니다. 세계 최대 자산운용사 블랙록의 최고경영자 래리 핑크는 '코로나19 이후의 세상은 이전과 완전히 다를 것'이라며, '투자자들의 심리는 바뀔 것이고, 산업은 변할 것이

다. 그리고 소비도 달라질 것이다.'라고 경제의 완전한 변화를 강조했습니다.

코로나19의 세계적 대유행으로 개인의 일상은 물론 모든 산업과 경제, 사회의 패러다임까지 바뀌는 대전환의 시대를 맞이하고 있습니다. 특히 코로나19 사태 속에서 인류의 생존을 위한 선택으로 지구촌 디지털 문명의 대전환은 엄청난 가속도가 붙고 있습니다.

특히 클라우드 컴퓨팅, 빅데이터, 인공지능(AI)의 삼위일체 기술이 지구촌 디지털 문명의 대전환을 이끌어가고 있습니다. 역사가 증명하듯 문명이 교체되는 격변의 시기는 절체절명의 위기이자 기회입니다.

우리는 어떤 기회를 준비할 수 있을까요?

비즈니스 대상의 확장은 이렇게 디지털의 대전환시대와 함께 더욱더 강화될 것으로 생각됩니다. 오프라인의 대상과 온라인의 대상이 더욱더 넓어졌습니다.

③ 교육지의 이동

예전 아메리칸 드림을 꿈꾸면서 많은 분이 미국으로 많이 갔죠. 근데 2000년 초반부터는 사실 차이나 드림을 꿈꾸면서 중국으로 많이 갔습니다. 많은 사람이 '중국어를 배우겠다.'라는 일념으로 중국에 갔죠.

2008년 어느 날, 중국 상하이에서 길을 가고 있는데 대학교 때 친구와 딱 마주쳤습니다. 졸업 후 한 번도 못 만났는데 세계가 이렇게 좁다고 생각했습니다. 친구는 자녀 중국어 교육을 위해 3년 계획으로 왔다고 했습니다. 정말 반가웠던 시간으로 기억됩니다. 3년 후 미국으로 다시 돌아가서 대학을 가게 되었다고 전해 들었습니다.

최근 들어서 초중고학생들의 교육지는 말레이시아, 싱가포르로 많이 이동이 됐습니다. 이 두 나라는 자연환경도 좋고 중국어와 영어를 다 잘 배울 수 있는 환경이라 많은 노마시안들이 이곳으로 움직이고 있습니다.

싱가포르에 비해 말레이시아는 물가가 3분의 1이라 더 선호하는 지역입니다.

대학도 미주쪽으로 가는 분들도 많지만 아시아권으로 오시는 분들이 많습니다. 홍콩, 싱가포르 등은 이미 세계에서 인정하는 좋은 학교들이 많고, 이곳을 졸업한 학생들은 실력을 인정받아 유명한 글로벌 기업으로 취업하고 있습니다. 그리고 초등학생이나 중학생들은 영어를 배우기 위해서 이제 더는 미국이나 유럽으로 가지 않아도 될 수 있습니다.

어쩌면 코로나19 때문에 더욱더 멀리 보내기가 어려운 상황이기 때문에 더욱 아시아쪽 학교들이 좋은 교육지가 되지 않을까 싶습니다.

80

④ 해외 부동산 투자의 이동

부동산 투자가 많이 바뀌고 있죠. 예전에는 해외 부동산 투자를 하시는 분들이 많지 않았습니다. 그런데 한동안 차이나 드림을 꿈꾸면서 많은 분들이 중국으로 투자를 했죠. 사실은 중국 부동산에 투자하신 80% 정도의 분들은 거의 성공을 했습니다. 나머지 20%는 늦게 투자하신 분들이거나 아니면 매각 타이밍을 잘 맞추지 못한 분들이십니다.

저 같은 경우도 제가 2002년에 138평방미터(40평)의 총 가격 8,000만 원짜리 집을 현금 30%로 2,400만 원 내고 샀습니다. 70%는 대출을 받고 매월 65만 원 정도씩 상환했습니다. 그런데 그 집의 가치가 지금 20억이 되었습니다. 이런 사례들은 20년간 수도 없이 많았습니다. 이제는 중국도 성장을 하다 보니 이미 투자 성과가 있는 것을 정리하시는 분들도 많고, 중국의 경제 성장 속도가 느려지면서 투자에 대한 시간이 더 많이 소요되고 있습니다. 그래서 해외 부동산 트렌드가 옮겨가고 있는데, 그중 한 나라가 말레이시아입니다. 좋은 교육 여건과 은퇴 후 여생을 보내기에 좋기 때문입니다. 그리고 베트남도 지금 예전의 중국처럼 많이 성장하고 있기 때문에 베트남으로의 투자도 상당히 많이 이루어졌습니다.

2015년 외국인 구매가 허가되고부터 더욱 활발해진 베트남으로의 투자관심은 아직 핫하다고 보입니다. 최근 코로나19로 인해 외국인이 입국 못하면서 임대료가 내려가고 있고 투자한 집을 판매하려고 내놓은 한국인들의 매물이 많다고 합니다. 이렇게 가격이 올랐다가 내렸다가 하면서 부동산 시장도 발전을 하리라고 생각이 됩니다.

　최근에 가장 핫한 투자처 중 하나는 캄보디아입니다. 포스트 베트남이라고 불리는 이 캄보디아의 경제 도시이자 수도인 프놈펜에 관심을 많이 보이고 있습니다. 이런 것들을 보면서 예전에는 해외 부동산이라 하면 전혀 관계없는 이야기였는데 이젠 '해외 부동산 투자도 대중화가 될 수 있는 날이 얼마 안 남지 않았을까?' 그런 생각을 한번 해봅니다.

　언젠가는 그런 날이 올 것이라고 생각합니다.

캄보디아 부동산 개발 현황 사진

02 부와 행복을 누리며 살아가는 사람들

⑤ 자산의 이동

예전에는 중국의 집을 투자를 하면서 그 지역에서 경제활동을 많이 했습니다. 어느 날부터는 인민폐 강세일 때는 인민폐로 자산을 보유하기 위해 중국으로 사업을 하기도 하고, 금융 자산을 중국으로 이동하고 또 중국 부동산으로 바꾸어놓았습니다.

2019, 2020년에는 미중전쟁이 가속화되면서 달러 보유를 점점 많이 해야 된다고 생각하고, 자산 포트폴리오를 좀 더 균형적으로 하는 분들이 많아졌습니다. 최근 안정적인 화폐 목적으로 금이나 달러를 많이 사들이면서 자산을 조금씩 분산하기 시작했습니다. 달러를 보유할 수 있는 나라들로의 투자가 이미 시작됐습니다. 달러를 보유하기 위해서는 그 화폐를 사용하는 나라의 주식을 살 수도 있고 또 부동산을 구입할 수 있습니다. 그리고 일부 나라들은 달러 통장을 개설해주기도 합니다. 달러로 예금이나 적금을 들 수도 있습니다.

2008년 글로벌 금융위기 이후 시작된 미국의 양적완화 정책이 달러약세를 촉발했고, 2014년에는 통화정책 정상화를 모색하기 시작하면서 달러화가 강세 전환했습니다. 2020년 코로나19 대응을 위한 미 연방준비제도의 제로금리 정책, 여기에 막대한 규모의 재정정책이 가세하며 달러화는 다시 약세로 돌아섰습니다. 이렇듯 달러화 가치의 큰 방향을 결정하는 힘은 미국의 통화정책입니다. 전문가들의 가파른 달러 약세의 배경으로 글로벌 경제회복 기대감, 연준의 수용적 통화정책, 바이든 시대 개막 등 크게 3가지를 꼽는다고 최근 CNN비즈니스는 분석했습니다.

안전 자산인 달러는 세계 경제가 호조를 보일 때 하락하는 경향이 짙습니다. 최근 코로나19 재유행이 전 세계를 휩쓸고 있지만 안전하고 효과적인 백신 접종이 시작되면서 경기회복이 머지않았다는 투자자들의 베팅으로 달러가 내리막을 타고 있다는 설명입니다.

연준이 미국의 확실한 경기회복을 확인할 때까지 금리를 올리지 않겠다고 약속한 점도 달러를 끌어내리는 요인입니다. 이는 경제회복 기대감을 부채질하고 투자자들로 하여금 더 높은 금리를 찾아 미국 밖으로 눈을 돌리게 하고 있습니다.

2020년 최근엔 금리가 높은 중국으로의 외국인 투자가 더 많아지고 있습니다. 중국은 이미 탄력받은 위안화의 강세로 내년에는 위안화 가치가 30년 만에 최고치를 기록할 수 있다는 전망까지 나오고 있습니다. 코로나19의 충격을 털어내고 회복의 기지개를 켠 중국 경제에 대한 기대감으로 자금이 몰려든 영향이 있습니다. 2020년 12월 15일 위안화 가치는 달러당 6.54선에서 거래됐습니다. 올해 최저점인 지난 5월 27일의 달러당 7.1697위안과 비교하면 9.6%가량 올랐습니다. 이런 추세가 이어진다면 위안화 가치가 달러당 5위안대에 진입할 수 있다는 게 시장의 전망입니다. 아시아 통화도 강세라고 합니다. 달러에 비해 올해 최저점보다 엔화

가치는 7.1%, 원화가치는 12.1% 올랐습니다.

실물 경제의 회복세 속 '바이 차이나'에 나서는 글로벌 자금이 위안화 강세에 기름을 붓고 있습니다. 중국 주식과 채권을 사기 위한 위안화 수요가 위안화 가치를 끌어올리고 있어서입니다. 블룸버그에 따르면 지난달 기준으로 중국 국채와 증시로 유입된 자금은 연초 대비 30% 늘었고 사상 최대 증가폭이라고 합니다.

이런 분위기는 당분간 이어질 전망이라고 하는데요. 초저금리가 뉴노멀이 되는 상황에서 조금이라도 나은 수익을 찾아 돈이 흐르기 때문입니다. 특히 미국이 당분간 제로금리를 유지할 것으로 예상되는 상황에서 2.5%포인트 안팎을 유지하는 미국과 중국 국채 금리(10년물 기준) 차는 투자자 입장에서는 매력적입니다.

씨티그룹의 류리강 중국 경제 담당 이코노미스트는 "2021년까지는 중국 자산이 세계 어느 국가보다 더 강세일 것"이라고 분석했습니다.

환율은 시장에서 정해지는 것이지만 노마시안인 우리들은 꾸준히 관심을 가지는 것이 필요합니다. 환율 안에 위협과 기회가 들어 있기 때문에 균형적으로 자산을 잘 관리해야 합니다. 지금 뭐가 더 좋다고 이리저리 옮겨 다닐 게 아니라 숲을 보고 천천히 움직이는 것이 중요합니다. 균형적인 자산관리 및 사고 방식이 반드시 필요한 시기입니다.

⑥ 라이프스타일 국경 해체

옛날에는 '나는 코리안이야. 그러니까 나는 코리아만 알면 돼.'라고 생각을 했다면 지금은 많은 분들이 아시아인으로의 삶을 사는 것이 사실은 굉장히 자연스러워졌습니다. 그리고 대부분 아시아 나라들이 다 서로 붙어 있습니다. 육로로, 물리적으로 건너갈 수 있습니다. 그리고 국가 경제가 발전하는 양상이 시간차만 두고 비슷하게 흘러가고 있습니다.

앞으로 동남아시아는 이제 1일 생활권으로 초연결화될 것입니다. 중국의 '일대일로' 영향으로 고속철도로 국가들이 연결되면서 이동 시간 및 거리가 단축되어 새로운 라이프스타일이 생길 것입니다. 아침에 상하이에서 일어나서 고속철도를 타고 가면서 임원들 회의를 하고 오후에 호치민 공장을 둘러보고 저녁엔 말레이시아에 가서 가족들과 휴식을 한다는 게 가능해질 시간이 얼마 남지 않았다고 생각됩니다.

그래서 비즈니스 흐름이 이동할 때 노마시안의 삶도 이동하고 있습니다. 그래서 '나는 사업을 베트남에서 해, 나는 사업을 캄보디아에서 해.' 이렇게만 얘기하는 것이 아니라 그냥 아시아에서 일하는 아시안라이제션(Asianlization)으로 지금 삶들이 흘러가고 있습니다.

전체가 어떻게 보면 하나의 아시아로의 통합이 이루어지고 있다고 보면 되겠습니다.

02 부와 행복을 누리며 살아가는 사람들

⑦ 트라밸

트라밸은 3가지 라이프 밸런스(Three life Style Balance)입니다. 트라밸은 단순히 자유여행이 아니라 자신을 성장시키는 즐거운 활동입니다. 트라밸은 '누림-경험-경제' 이 3가지 라이프스타일 밸런스의 줄임말입니다.

1. 누림

평소 우리가 말하는 힐링을 하는 여행입니다. 잘 먹고 잘 쉬고 잘 놀다 오는 겁니다. 동남아 국가들은 저렴하게 즐기고 올 곳이 많아서 행복 만땅해서 돌아올 수 있습니다. 여행사에서 하는 관광지가 아닌 현지인들이 좋아하는 맛집과 쉴 곳을 잘 기획하여 지혜롭게 여행을 합니다.

2. 경험

짧은 여행 기간 동안 할 수 있는 현지 경험의 대표적인 활동은 현지 기업 탐방입니다. 한국 교민이 사업하는 곳을 소개받아 돌아보면서 정보를 얻기도 하고 현지 유명한 회사를 견학해서 배울 점들을 찾고 오기도 합니다. 개인적으로는 여행 일정 중 가장 설레고 좋아하는 일정입니다. 때로는 현지인 및 아시아 친구들과 만나서 서로 사귀면서 비즈니스도 논하고 함께 좋은 관계를 만들어나갑니다. 그 지역의 교회도 방문해보기도 합니다. 또 그 지역의 봉사활동에 참여해보기도 합니다. 여행을 마치고 돌아오면 많은 여운들이 가득한 의미 있는 여행이 됩니다.

3. 경제

자신을 위한 누림과 현지 경험 외에도 나 자신의 미래를 위해 발전하는 국가에서 돈을 벌 수 있는 방법이 없는지 돌아봅니다. 도시가 개발되는 곳은 도시계획관을 방문한다거나 개발지를 돌아보기도 하고 실제 부동산을 탐방하여 한국과 비교해보기도 하고, 달러 이자가 높은 곳은 은행을 방문해서 상담도 하고 계좌개설을 하기도 합니다. 가지 않으면 볼 수 없는 것을 보는 혜안이 열립니다.

"열심히 일한 당신! 누려라 ! 경험하라 ! 재테크하라!"

프놈펜 호텔 수영장

프놈펜 맛집

프놈펜 현지인 및 아시아 친구들과 교류

프놈펜 현지 회사 기업 탐방

91

02 부와 행복을 누리며 살아가는 사람들

싱가포르 바클린 컬리지 방문

싱가포르 대형 부동산 기업 오렌지 티 방문

은행 상담 및 달러통장 개설

프놈펜의 개발 현장 방문

02 부와 행복을 누리며 살아가는 사람들

새로운 관점 제시

노마시안들은 어느 나라로 가도 살 수 있는 마음가짐이 되어 있습니다. 많은 동남아 국가들은 국경이 붙어 있고 문화권이 비슷해서 다른 나라로의 이주가 자연스럽습니다.

비즈니스도 마찬가지입니다. 이전에는 중국에 있는 고객만 내 고객이었다면 이제는 베트남도 내 시장이고 캄보디아도 내 시장입니다. 교육적인 부분도 확장되어갑니다. 자녀들이 영어는 기본이고 중국어·일본어·스페인어 등 여러 언어를 다양하게 구사합니다. 대학 진학도 한국만 바라보는 것이 아니라 미국 그리고 유럽·홍콩·싱가포르·말레이시아·중국 등 다양한 기획를 찾습니다.

7가지 노마시안 라이프스타일이 굉장히 낯설다고 느낄 수도 있습니다. 그러나 결코 여러분과 멀리 있지 않습니다. 예전에 미국이나 유럽 쪽으로는 돈이 많은 사람이 이동을 했지만 아시아는 그렇지 않습니다. 우리 가까이 있습니다.

여행 스타트

공항에서

캄보디아에 있는 박카스

02 부와 행복을 누리며 살아가는 사람들

프놈펜 현지 기업인 친구들과 한국식당에서 식사

프놈펜 거주 중국인 친구들과 식사

97

99

집을 보러 가서

프놈펜 한국식당

매콩강에서

특색 있는 배를 타고

몸도 호강시키고

101

02 부와 행복을 누리며 살아가는 사람들

여행간 김에 대입정보도 전달해드리고

여행간 김에 그 도시 교민들에게 필요한 정보도 전달해드리고

노마시안

색다른 과일 체험

호텔 앞에 있는 차와 한 장 찰칵!

02 부와 행복을 누리며 살아가는 사람들

2 | 노마시안 엄마들의 수다
: 첫째도 둘째도 교육이었다

어디에 살든, 돈만 버는 것이 아니라 자녀 교육을 잘 시키고 가족 모두 같이 꿈과 희망을 가지고 함께하는 것이 정말 중요합니다.

노마시안으로 살면서 가족과 아이들과 함께 달려온 두 분 어머니십니다.

이진아 님 (서울대 학부모)

L : 저는 중국 상하이에서 20년 동안 살았던 이진아라고 합니다.

김영미 님 (칭화대 학부모)

K : 저는 중국에서 14년 정도 살다 온 김영미입니다.

해외에 얼마나 사셨고 왜 가셨나요?

L : 9월 30일이 제 결혼 기념일이에요. 중국이 10월 1일부터 쭉 7일 동안 논다고 그래서 결혼하자마자 주재원으로 중국에 갔습니다. 중국에서 아이 낳아서 지금까지 20년 동안 키웠습니다. 저는 처음에 중국에 갔을 때 중국에서 애를 낳으면 국적을 주는 줄 알았습니다. 그래서 저는 미국으로 가는 것처럼 중국 국적을 좀 가져보려고 했는데 안 주더라고요. 아이 둘은 연년생입니다. 지금은 아이들이 모두 대학을 가서 한국으로 돌아왔습니다.

K : 남편 따라 주재원으로 출발을 한 케이스입니다. 중국에서 14년 정도 거주를 했습니다. 상하이를 비롯해서 마카오 등 여러 도시에서 살게 되었습니다. 제 딸은 22살입니다. 칭화대학교 2학년에 재학 중입니다.

자녀분들을 훌륭하게 키워내셨습니다. 노마시안으로서 자녀 교육의 노하우가 있으실까요?

L : 일단 해외에서 아이들을 키울 수 있었던 환경이 가장 큰 축복이었습니다. 사실 초등학교까지는 엄마의 노력으로 케어가 가능했습니다. 그런데 그 이후로는 중국어와 영어가 안 됐죠. 그러면서 아이가 자기가 스스로 공부해야 하는 상황이 됐습니다. 이렇게 자연스럽게 약간 방임을 할 수 있었던 부분이 좋았습니다. 또 다국적 아이들과 어울리니까 글로벌하게 클 수 있었습니다. 공부에만 치우치지 않고 그 외에 다른 분야들을 많이 경험할 수 있었던 것이 가장 큰 장점이 아닌가 생각합니다.

K : 첫 번째는 자녀의 소리를 주의 깊게 들어주는 부모님이 되었으면 좋겠고, 두 번째는 부모가 함께 꾸는 자녀의 꿈, 꿈을 응원하는 부모님이 되셨으면 좋겠구요. 세 번째로는 과한 교육비 투자는 안 된다는 겁니다. 과한 교육비는 그 가정에 독이 될 수 있습니다. 중국 절강성의 자싱에서 초등학교 과정을 보내다가 남편이 주재원이어서 도중에 이동을 해야 해서 광동성 주하이 국제학교를 다녔습니다. 중등, 고등은 상하이에 있는 진재중학교 국제부로 있었습니다. 여러 도시들을 다니며 자신 있게 말할

수 있는 것은 자녀들과 함께 체험을 많이 했습니다. 이제는 대학생인 아이를 데리고 올해부터는 다른 나라로 투어를 다니면서 업무도 하면서 트래블을 실행해보려고 했습니다. 그러나 코로나 때문에 잠시 접어두었습니다. 제가 하고 있는 업무는 아시아를 다니면서 하는 일인데 제 일을 보면서 아이들과의 소통의 접점을 만들고 싶습니다. 영어, 중국어 강점으로 본인들의 꿈들을 맘껏 펼치게 하고 싶습니다. 제가 다른 부모보다 더 특별한 것을 주지는 못했어도 여행을 통해 끊임없는 대화를 했다고 생각합니다. 해외에는 한국 아이들보다 다른 나라 아이들과의 교류가 더 많은데 부모가 아이들과 잘 소통하는것이 중요하다고 생각합니다. 그래서 우리 아이들과 꿈의 접점이 쉬웠다고 생각합니다.

그래도 분명 실패했던 것이 있을 것 같습니다. '이런 건 하지 말았어야 했는데.'라는 것이 있었으면 말씀해주세요.

L : 두 가지입니다. 하나는 예체능 같은 특기 관련입니다. 아이들이 배울 때 하기 싫다고 할 때도 있잖아요. 그럴 때 고비를 넘기도록 잡아주는 역할을 놓쳤습니다. 호랑이 엄마도 됐다가 편한 엄마도 됐다가 하면 좋았겠다 생각이 듭니다. 또 하나는 제가 이동이 많았습니다. 상하이에 있었다가 난징에 갔다가 선전에서 다시 상하이로 왔죠. 그랬더니 아이들의 교우관계가 소원해지는 거예요. 지금 돌아보면 초등학교, 중고등학교 때 외국인 선생님들, 다국적 아이들이 있었거든요. 근데 그것들을 연결하지 못했던 부분이 있었습니다. 큰아이한테 '다른 인맥을 연결하려고 하지 말

고 기존 겪었던 그 인맥을 다시 한번 찾아서 이어가면 정말 너한테 그만한 자산이 어디 있겠니.'라는 얘기를 했습니다. 그런 부분을 조금 더 챙겨주지 못해서 아쉬움이 있습니다.

K : 큰아이는 딸이고 둘째는 아들입니다. 성향도 성격도 다른데 두 아이를 키우는 부모로서 두 아이에게 똑같은 교육 방식으로 대했습니다. 다르게 태어났고 부모님이 지원해줄 수 있는 환경도 역시 다른데 두 자녀에게 똑같은 방향을 제시었습니다. 반성합니다! 그리고 해외에 살면서 아이들을 영어 성적에 많이 신경을 쓰고 방학 때 사교육비로 한 달에 500~700만 원씩 투자를 한 적이 몇 차례 있었습니다. 한국에 있었다면 학원에 맡겼을 것 같은데 외국에 있으니 영어캠프 쪽으로 아이들을 보내게 됩니다. 방학이 되면 교육비 투자로 너무 많이 사용을 한 부분이 아쉽습니다. 3년 전에 영어를 잘 배울 수 있는 나라로 말레이시아를 알게 되었는데,방학 때 말레이시아로 한 달 살기 등 영어캠프를 보내어 직접 체험할 수 있는 환경으로 자연스럽게 접촉시켜 주었다면 비용도 많이 절감되고 아이들의 꿈의 확장에 도움이 되지 않았을까 싶습니다. 만일 다시 아이를 낳는다면 그 아이를 데리고 말레이시아로 갈 것 같습니다. 10년 넘게 노마시안으로 살면서 저도 이런 마인드가 생긴 것 같습니다.

아시아에서의 교육비에 대해 알려주셨으면 좋겠습니다.

L : 처음엔 주재원으로 가서 지원이 나왔는데, 5학년부터는 정말 사비

로 다했습니다. 유학이었죠. 비용이 많이 들었습니다. 하지만 그 당시 상하이는 그래도 연년생 애 둘을 키우면서 학비를 낼 수 있었어요. 하지만 지금의 상하이에서 그 비용을 가지고 이렇게는 못 시키죠. 아마 대안을 준비하셔야 할 거예요. 저도 제 주변 분들한테 상하이에 남지 말고 다른 곳으로 가라고 얘기하고 있습니다. 그러나 같은 비용을 들고 한국에 있었다면 사교육으로 이렇게 저렇게 극성을 떨고 있었겠죠. 아시아로 나와서 학비로만 쓰자고 결심했던 이유는 아이들에게 글로벌한 인맥과 언어를 선물해주고 싶어서였어요.

K : 저희는 초등학교 과정에서는 1년 1,000만 원 정도, 중등 고등 과정에는 1년에 1,500만 원 정도 들었습니다. 저 같은 경우는 주재원으로 있다 보니까 회사에서 아이들 학비를 부담을 해줬죠. 특별히 부담은 별로 없었습니다. 그래서 자녀 교육을 국제학교, 국제부 다니면서 자유롭게 시킬 수 있었습니다.

아이에게 꿈이 없다고 고민을 하시는 분들을 위해 한 말씀해주신다면요?

L : 꿈이 없다는 얘기는 저희 집에서도 무궁무진하게 들었습니다. 해외로 나와서 다른 세상을 많이 보여줬다고 생각을 하는데도요. 꿈이 계속 바뀌다 보니 '이게 맞나 아닌가' 하며 계속 고민을 하는 것 같아요. 그래도 꿈에 대해 고민하는 것 자체가 좋은 일 같습니다. 아이가 한국의 친

구들이랑 만나면 하는 이야기가 있어요. "친구들이 공부 잘하고 다 천재들만 모였는데, 토론하거나 꿈에 대해서 얘기할 때는 나만 얘기해." 우리 아이가 잘나서가 아니에요. 어릴 때부터 많은 경험을 하고 많은 것을 봤기 때문에, 나 자신 그리고 변화에 대해서 많이 생각해봤기 때문입니다.

K : 아이와 함께 교육 여행을 많이 다녔습니다. 초등학교 때는 일부러 베이징에 가서 칭화대도 갔고, 베이징대도 갔습니다. 그리고 제가 예전에 구미에 살았는데 구미에 있을 때도 서울에 있는 서울대학교, 연세대학교, 이화여자대학교 등 대학을 탐방을 다녔습니다. 왜냐하면 중국에 살면서 한국을 바로 알아야, 내 나라의 교육 환경을 잘 알아야 내 자녀에게 좋은 교육 환경을 제공해줄 수 있지 않나 생각했기 때문입니다. 어떤 분들은 중국에 계속 머무르면서 아이들 교육을 시키지만, 어떤 분들은 중국에 있다가 말레이시아로 많이 옮겨가십니다. 또 다시 미국으로 가거나 한국에 돌아오기도 하고요. 아예 중국 몇 년, 미국 몇 년, 다른 나라 몇 년, 이렇게 딱 프로그램을 짜서 다니시는 부모님들도 계십니다. 이렇게 코리안이란 생각 위에 좀 더 넓은 관점으로, 아시안으로서 세상을 바라본다면 우리가 볼 수 있는 기회들이 꽹장히 많습니다. 아이들에게 기회를 줄 수 있는 부모님이었으면 좋겠습니다.

수능 망한 고등학생, 인생 대박나다

한국에서 고등학교 졸업을 했는데 성적이 잘 안 나온 친구가 있었어요. 전문대를 가려고 했는데 지인이 '지금 한참 발전하는 중국이나 앞으로 핫할 베트남으로 가라'고 했는데 처음에 이 학생이 무서워서 안 간다고 했대요. 그런데 어른들이 일단 보냈어요.

'가서 어떤지 보고 안 좋으면 오면 되잖아. 중국은 이미 경쟁이 치열하니까 경쟁이 아예 없는 베트남으로 가보면 어떻겠니?'

그렇게 하노이국립대학에 어학연수로 들어가게 되었어요. 거기서 정상적인 대학 과정을 밟아서 3년 만에 대학을 졸업했어요. 그리고 대기업에 취직이 된 거죠. 한국어를 할 줄 아는 베트남 사람은 워낙 많은데, 한국 사람 중에 베트남어를 할 줄 아는 사람이 별로 없는 거예요. 이명박 대통령이 하노이에 왔는데 통역하러도 갔었어요. 나중에는 본격적으로 준비해서 포스코에 취직했습니다. 이제 결혼 준비하고 있는데, 벌써 10년이 지났잖아요. 지금 하노이나 호치민이 얼마나 발전했어요? 완전히 대박인 거예요.

113

02 부와 행복을 누리며 살아가는 사람들

3 | 우물 안 개구리가 아니라 아시아의 인재가 되다

노마시안으로서 아시아의 교육을 본다면 너무나 다채롭습니다. 어느 나라 어느 학교를 선택하느냐에 따라 달라요. 학제도 미국학제냐, 영국학제냐, 중국 로컬부에 있는 국제부냐에 따라서 너무나 다르죠. 저는 교육수준의 경쟁력이 있다고 보는데 물론 학교 수준에 따라서 다릅니다. 학교에 따라서는 방치되는 곳들도 많고요. 좋은 데를 선택해야 수준이 높은 교육을 받을 수 있는 것 같습니다.

저는 사실 중국 국제학교를 그렇게까지 아주 추천하고 싶지 않습니다. 학비가 너무 비싸고, 로컬학교와 국제학교의 갭이 커요. 수업 자체가 달라서 국제학교에 다니던 애들이 로컬에 가서 적응하기 너무 힘들어합니다. 보통 빨리 가서 빨리 끝납니다. 일반적으로는 8시 반이나 9시에 시작해서 고등학생이라도 3시나 3시 반에는 하교하죠. 그런데 사교육의 품질은 좋지 않습니다. 비싸고 가성비가 좋지 않아요. 다행히 학교의 방과 후 수업 프로그램이 잘되어 있어서 클럽 활동 등을 주도적으로 할 수 있습니다. 축구, 농구, 배구 등 스포츠 계열도 많습니다. 캠퍼스가 큰 학교 중에는 골프가 가능한 곳도 있어요. 로봇 만들기 같은 과학 프로그램, 수학 클럽, 봉사 클럽도 많습니다. 그걸 잘 활용하면 고등학교 때까지만 하더라도 할 수 있는 경험의 폭이 넓은 거죠.

이렇게 다양한 경험을 하면서 다양한 국적과 인종의 사람들과 부딪치면서 자라니, 아이들이 세상을 보는 시각이 달라집니다. 저희 애들은 초등학교 때부터 여기서 나왔습니다. 조카들은 한국에서 자랐죠. 아이들이 다 성인이 된 이 시점에서, 조카들은 온실 속에서 큰 느낌입니다. 해외에 나간다든가 뭔가 할 때도 두려움이 많아요. 우리 아이들은 한국을 가본 적도 없지만 한국어를 해요. 그러니까 '한번도 안 가본 한국에서도 말이 통하는데 내가 뭘 못하겠어?'라는 생각이 있습니다. 별 것 아닌 것 같아도 비행기를 많이 타는 것이 아이들한테는 커요. 저희 아이가 군대 갔을 때도 "엄마, 비행기 안 타본 애들이 이렇게 많은 줄 몰랐어."라는 얘기를 하더라고요.

외국에서 살았던 경험치가 있겠죠. 학교를 다니면서 분명히 갈등이 있었을 거예요. 하루는 중국 애들이 "삼성은 중국 거야." 했대요. 우리 애가

02 부와 행복을 누리며 살아가는 사람들

"아니야, 삼성은 한국 거야." 했는데 안 들어줬다고 해요. 처음에는 속상해 했는데, 나중에 커서는 그 상황이 왜 그렇게 된 것인지 이해를 하더라고요. 그리고 지금은 '그들이 가지고 있지 않은 걸 내가 가지고 있구나.' 이렇게 생각합니다.

대학을 선택할 때도 전 세계를 놓고 플랜을 짜서 선택한다는 느낌입니다. 부모를 따라서 외국에서 살아왔으니, '어디서든 살 수 있겠구나.' 생각을 갖죠. 물론 언어가 되니까 그런 것에 대한 두려움도 없을 거예요. 그리고 편견이 없어진다는 생각이 듭니다. 한국 같은 경우 한 달 두 달 차이라도 학교에서는 선배, 후배로 나뉘지만, 여기에서는 연령대도 다채로운 아이들과 지냈습니다. 그래서 사람을 대할 때 편견이 적습니다. 네트워크도 세계적으로 넓습니다.

노마시안으로 살아가는 아이들의 생각의 폭은 한국에서만 산 아이들과는 비교할 수 없이 큽니다. 우물 안 개구리가 아니라 진짜 글로벌 인재, 아시아를 판으로 놀 수 있는 어른이 될 수 있습니다.

아시아의 좋은 학교들

말레이시아에 있는 학교는 아이들이 뛰어놀면서 공부할 수 있는 편이에요. 스포츠나 예능, 언어 등 프로그램이 잘되어 있어요. 말레이시아는 유명한 학교들이 많아서 찾아보시면 나옵니다.

우선 상하이중학교는 상하이 탑 1위예요. 들어가기 어렵습니다. 상하이중학교도 잘 가는 애들만 잘 가요. 레벨이 있는데, H레벨 이나 원어민 반은 굉장히 잘 가는데 밑의 레벨 같은 경우는 그렇지는 않습니다. 한국 대학교로 가면 12년 특례 등이 있기 때문에 잘 가기는 해요.

반면 SMIC(상하이국제학교)는 수준이 중상 정도에서 분포되어 있습니다. SMIC가 역사가 짧지만 몇 년 전에 국제학교로 이름이 바뀌면서, 그리고 SMIC 나온 애들이 좋은 대학에 입학을 하면서 세계적으로 조금씩 인정을 해주는 추세에 들어갔습니다. 1~2년 전부터는 미국으로도 좋은 대학에 많이 가는 걸로 알고 있습니다. SMIC는 입학하기 어렵다는 특징이 있습니다. 너도나도 들어가고 싶어하기 때문에 입학하기 어렵습니다. 입학이 까다로운 학교는 좋은 학교라고 생각하시면 될 것 같습니다.

한국 사람들은 별로 쳐주지 않는데 중국에 좋은 대학 정말 많아요. 한국 사람들이 이상하게 중국을 낮게 봐서 쳐주지 않는 거죠. 실제로 칭화대나 베이징대는 들어가기 굉장히 어려워요. 특히 외국 사람들이 들어가기 굉장히 어렵죠.

아시아권 대학은 싱가포르가 최고예요. 싱가포르는 웬만한 미국 학교보다도 괜찮다고 보시면 될 것 같습니다. 싱가포르는 대학만 나오면 취업도 걱정 없습니다.

상하이는 콩코디아국제대학교가 유명해요. SAT 점수가 제일 높습니다. 예술 쪽으로도 유명하죠. SAS 미국학교 같은 경우에는 미국에서도 워낙 수준 높기로 쳐주는 학교예요. 상하이 SAS 같은 경우 입학사정관들도 레벨이 높은 학교로 쳐주고 있습니다.

 중국 상하이 지역 학교 정보 다수 (상하이 에듀뉴스)

NAIS 푸동, BISS 푸시
上海英国国际学校

■ 서류: 지원서, 학생의 여권 복사본 2부(중국 비자 부분 포함), 학부모 취업허가증(가능자), 성적표, 전형료: 6,000위안, 보증금 10,000위안
※ 상세한 수업료는 입학담당처로 전화 문의
※ 지원자 현 학교에서 영문 성적표/생활기록부를 제공해 줄 수 있거나 개별적으로 한글본을 영문 번역 및 공증을 하실 수 있으면 많은 도움이 되겠으나, 여의치 않으시면 한글 원본 그대로를 제출해도 됨.
■ 연간학비(2016-2017년 기준): 예비 유아원 종일반 76,115위안, 유아원 종일반 76,115위안, 유치원 76,115위안, 1학년~2학년 87,855위안, 3학년~6학년 88,100위안, 7학년~9학년 98,775위안, 10학년~11학년 106,030위안, 12학년~13학년 107.405위안
■ 홈페이지: (NAIS)
www.nordangliaeducation.com/(BISS)
www.bisspuxi.com
■ 문의: (NAIS) 5812-7455 / (BISS) 5226-3211, 5296-8602
■ 메일: (NAIS) sh-todd@bisspudong.com/
(BISS)admissions@bisspuxi.com, jen-lee@bisspuxi.com(한국인)
■ 주소: (BISS) 闵行区华漕金光路111号 / (NAIS)浦东新区军民路2888号

Britannica 브리타니카
上海不列颠英国学校

■ 서류: 학생 중국의료보험증(회사에서 가입한 직원의료보험증이나 여행자 보험증명서), 출생증명서, 여권용사진3장, 예방접종기록카드, 부모 취업비자 및 거류증 사본 및 학생 비자사본, 학생/부모 여권 사본, 최근2년치 성적표(초등부: 생활기록부 영어로 번역), 입학신청서, 신청비 2000위안
■ 연간학비: 유아부 178,705위안, 유치부 186,470위안, 준비반 199,605위안, Y1~4 231,630위안, Y5~6 237,880위안, Y7~9 248,240위안, Y10~11 253,225위안, Y12~13 256,645위안
■ 홈페이지:
www.britannicashanghai.com
■ 문의: 6209-9454(한국어)
■ 메일:
admissions@britannicashanghai.com
■ 주소: 长宁区古北路1988号

CISS 콩코디아 국제학교
上海协和国际学校

■ 서류: 건강검진표, 학생/부모 여권사본 및 비자사본, 부모의 취업증명서사본, 의료보험카드
추가서류: 초등학교 추천서(유아부-G4), 중학교 추천서(G5-8), 고등학교 추천서(G9-12), 수학 과목 정보서(G8-12)
■ 연간학비: 유아부 171,000위안, 유치부~G4 234,000위안, G5~8 122,000위안, G9~12 244,000위안
■ 홈페이지: www.concordiashanghai.org
■ 문의: 5899-0380
■ 메일:
admissions@concordiashanghai.org
■ 주소: 浦东新区金桥明月路999号

DCS 덜위치 국제학교
德威英国国际学校

■ 서류: 신청비 3500위안, 입학신청서, 부모의 상하이 고용허가증, 부모PRC 여권인 경우 자녀 출생증명서, 외국인 거류증, 유아부~준비반: 현재/이전 학교 기록, Y1~2: 현재/이전 학업기록, 교사평가, Y3~Y6: 현재/이전 학업기록, 학교장 평가, Y11~13: 현재/이전 학업기록
■ 연간학비: 유아부 오전반 100,000위안, 유아부 195,000위안, 유치부 및 준비반 220,000위안, Y1~2 250,000위안, Y3~6 252,000위안, Y7~9 276,000위안, Y10~11 293,000위안, Y12~13 299,200위안
■ 홈페이지: www.dulwich-shanghai.cn
■ 문의: 5899-9910
■ 메일: info@dulwich-shanghai.cn
■ 주소: (메인캠퍼스)浦东新区蓝按路266号 / (DUCKS 425)金桥蓝按路425号

LAS 리빙스턴 국제학교
李文斯頓美国学校

■ 서류: 의료정보기록 사본, 신청서, 학업성적표
–유치부~초등부: 최근까지 재학한 기록
–중등부: 최근2년간 성적표, 고등부: 공식적인 8학년부터의 성적표
–9~12학년: 고등학교 성적표, 교사 및 학교장 추천서, 여권사진2장, 학생/부모 여권 및 비자사본, 신청비 2100위안
■ 연간학비: 유아부 오전반 62,652위안, 유아부 종일반 및 준비반 102,900위안, 유치부 134,400위안, G1~5 163,800위안, G6~8 171,990위안, G9~12 177,450위안
■ 홈페이지: www.laschina.org
■ 문의: 5218-8575
■ 메일: info@laschina.org,
■ 주소: 长宁区甘溪路580号

레인보우국제학교
上海虹桥国际学校

■ 서류: 학생/부모 여권 및 비자사본, 거류증 사본, 사업허가증 사본, 부모 중 한명의 고용증명서, 관계증명서 사본, 신분증, 지원서, 증명사진, 신청비2000위안, 최근2년간 생활기록부
■ 연간학비: 유아부 및 유치부 오전반 137,340위안, 유아부 및 유치부 종일반 146,880위안, PYP 유치부 준비반146,880, PYP 유치부 165,960위안, PYP G1~5 195,840, G6~12 195,840
■ 홈페이지: www.rbischina.org
■ 문의: 6268-2074,6268-3121
■ 메일: admissions@hqis.org
■ 주소: 长宁区伊犁路218号

SAS 미국국제학교
上海美国学校

■ 서류: 온라인 신청서, 학교추천서, 수학추천서, 영어추천서, 개인정보기록표, 칼라사진, 신청비2500위안, 최근 2년 생활기록부, 입학시험점수, 기타추가서류
–정부요구서류: 부모/학생 여권 및 비자사본, 상하이 호구증명서 또는 상하이 내 개인세금명세서, 사업허가증 사본, 부모 중 한명 이상의 취업증명서, 홍콩. 마카우. 대만의 취업증명서 또는 ALIEN 취업증명서, 상하이 거류증 사본, 가족관계증명서, 신분증
■ 연간학비: 유아부 167,000위안, 유치부~G5 204,000위안, G6-8 209,000위안, G9-12 220,000위안,
■ 홈페이지: www.saschina.org
■ 문의: 6221-1445*2152
■ 메일: admission@saschina.org
■ 주소: 闵行区华漕镇金丰路258号

SCIS 국제학교
上海长宁国际学校

■서류: 부모/학생 신분증, 신청서, 신청비(17', 18': 유아, 유치부: 2000위안, G1~G12: 2058위안), 최근 3년간 생활기록부, 학교장 추천서(G1~12), 고등학교재학증명서(G10~12), 부모 여권 및 비자사본, 출생증명서 사본, 예방접종 사본
■연간학비
(홍차오캠퍼스) 유아부 및 유치부 오전반 115,000위안, 유아부 종일반 150,000위안, 유치부~G5 230,000위안, G6~12 255,000위안, (푸동캠퍼스) 유아부 및 유치부 오전반 110,000위안, 유아부 종일반 140,000위안, 유치부-G5 210,000위안, G6~12 235,000위안 EAL: 10,000위안, IB language A: 8000위안
■ 홈페이지: www.scischina.org
■ 문의: (홍차오 ECE 캠퍼스)6295-1222*7004
　　　(홍차오 메인캠퍼스)6261-4338
　　　(푸동)5812-9888
■ 메일: (홍차오ECE) maggie_yang@scis-china.org
　　　(홍차오메인캠퍼스)szhang@scis-china.org
　　　(푸동)ehe@scis-his.org
■ 주소: (홍차오ECE) 长宁区虹桥路2212
　　　(홍차오메인)长宁区虹桥路1161号

WISS 웨스턴 국제학교
上海西华国际学校

■**서류:** 최근 여권사진2장, 출생증명서 사본, 부모/학생 여권 및 비자 사본, 건강검진표, 학업기록 영어번역본[PK–유치부(현재 이전 모든기록), G1~8(최근 기록+작년 기록), G9~10(최근기록+이전2년간의 기록), G11~12(현재기록+G9까지의 모든 기록)]
■**연간학비:** 유아부 143,560위안, 유치부(4–5세) 177,510위안, 유치부(5–6세) 177,510위안, PYP G1~5 208,550위안, MYP G6~10 225,040위안, DP G11~12 233,770위안 신청비 2000위안
■ **홈페이지:** www.wiss.cn
■ **문의:** 6976–6388
■ **메일:** admission@wiss.cn
■ **주소:** 青浦区徐泾镇联民路555号

YCIS 예청국제학교
上海辉中国际学校

■**서류:** 학업기록, 신청비2000위안, 여권 사진, 출생증명서, 부모/학생 여권사본, 비자 사본, 고용증명서, 상하이 거류증, 사업허가증, 신청서, 신청비
■**연간학비:** 유치부2 오전반 134,500위안, 유치부2 종일반 198,500위안, 유치부3,4 215,500위안, Y1~4 250,500위안, Y5~6 255,500위안, Y7~9 283,500위안, Y10~11 288,500위안, Y12~13 293,500위안
■ **홈페이지:** www.ycis–sh.com
■ **문의:** 2226–7666×2345
■ **주소:** 长宁区水城路11号(홍차오)
　　　长宁区荣华西道18号(구베이)
　　　浦东新区花木路1817号御翠园(푸둥)
　　　浦东新区东绣路1433号(세기공원)

LWS 리빙워드 국제학교
上海美高双语学校

■**서류:** 학생/부모 여권사본, 입학전 3년동안 성적표(초등부의 경우 생활기록부로 대체), 중고등부는 건강검진증명서 제출(예방접종기록 필요), 입학신청서, 등록비500위안, 고등부의 경우 토플성적표
■**연간학비:** 초등부 108,000위안, 중등부 116,000위안, 고등부 128,000위안
■ **홈페이지:** www.lwshanghai.org
■ **문의:** 6296–8877
■ **주소:** 闵行区华漕镇纪友路688号

SMIC 국제학교
上海市民办中芯学校

■ **서류:** 2인치 증명사진, 여권 및 비자사본, 2년간의 학업기록, 예방접종기록, 신청비 700위안, 신청서
■ **연간학비:** (영문부) 영어유치원(K2) 98,000, G1~3 98,000위안, G4~5 50,000위안, G6~8 106,000위안, G9~12 112,000위안
■ **홈페이지:** www.smic–school.cn
■ **문의:** 2033–2588(초등부), 2033–2588(중고등부)
■ **메일:** ES_info@smicschool.com(초등부)
　　　MHS_info@smicschool.com(중고등부)
■ **주소:** 浦东新区青铜路19弄3号(초등부)
　　　浦东新区青铜路169号(중고등부)

SSIS 싱가포르 국제학교
上海新加坡国际学校

■서류: 신청서, 출생증명서 사본, 최근 학업기록부, 여권사진, 부모의 유효한 고용허가증 사본, 취업증명서 사본, 상하이 내 사업허가증 사본, 상하이 외국인 거류증 사본, 비자사본
■연간학비: 예비 유아부 및 유치부2 122,000위안,
G1~6 164,000위안, G7~8 187,000위안,
G9~10 197,000위안, G11~12 207,000위안,
ISP 15,000위안, 입학시험비 350위안, 등록비 2000위안
■ 홈페이지: www.ssis.asia
■ 문의: (민항) 6221-9288 / (쉬후이) 6496-5550
■ 메일: admission@ssis.asia
■ 주소: 闵行区朱建路301号, 徐汇区华泾路 1455号

WCIS 웰링턴 국제학교
惠灵顿国际学校

■ 서류: 신청서, 부모 중 한명의 외국인 취업자격증, 신청비 3000위안
■ 연간학비: 유치부 및 준비반 228,350위안, Y1~5 255,000위안, Y6 160,610위안, Y7~9 282,560 위안, Y10~11 299,930위안, Y12~13 309,710위안
■ 홈페이지: www.wellingtoncollege.cn
■ 문의: 5185-3866
■ 메일: info.shanghai@wellingtoncollege.cn
■ 주소: 浦东新区耀龙路1500号

4 | 노마시안 청년
: 가서 보니까 눈이 떠졌다!

   노마시안의 삶은 나이가 젊으면 젊을수록 좋습니다. 오늘은 저처럼 30대에 시작을 했던 새로운 젊은 세대들, 미래가 아주 기대되는 분들을 모셨습니다.

고가빈

(이탈리아 유학/한국 미디어팀장)

   K : 33살. 이탈리아에서 유학. 중국 상하이에서 남편이 주재원으로의 삶을 살다가 지금 현재는 한국으로 돌아옴. 해외 부동산 미디어 팀장.

박진수

(캐나다 유학/베트남 호치민지사장)

P : 32살. 캐나다에서 유학. 중국
상하이로 왔다가 지금 현재는 베트
남 호치민에서 해외 자산 컨설턴트
관련업계에서 일하고 있는 청년.

해외로 나가신 계기를 말씀해주세요.

P : 제가 초등학교 때부터 아이스하키를 했습니다. 선수를 하려다가
한국에서는 비인기 종목이라 일찍 관두었습니다. 그리고 공부를 하려고
하니까 공포스럽더라고요. 그 당시 또 아버님이 필리핀에 여행차 많이
왔다 갔다 하셔서 그것을 계기로 필리핀에서 2년 정도 영어를 배웠습니
다. 어떻게 보면 도피성이죠. 그 후에는 캐나다에서 고등학교랑 대학교
를 졸업하고, 군대 전역 후 일본에서 2년 정도, 상하이에서 2년 정도 살
았고 현재 호치민에서 7~8개월 차입니다.

K : 저는 어렸을 때부터 외국을 참 좋아했습니다. 한국에서 대학교 진
학을 하고 과가 잘 안 맞아서 이탈리아로 유학을 갔습니다. 국립 미술원
의 무대디자인 전공을 했습니다. 다시 한국에 와서 사회생활을 하다가
남편을 만났습니다. 2년 전에 남편에게 상하이 주재원으로 가는 좋은 기
회가 왔고, 결혼과 동시에 1년 반 정도 상하이에 살았습니다.

해외생활을 하면서 좋았던 점이나 만족하지 못하는 점은 어떤 게 있을까요?

K : 20대 초중반에 유럽으로 가면서 로망에 가득 차 있었습니다. 이탈리아에 6년 정도 있었는데 아름답긴 했지만 여러모로 안 좋았습니다. 그 당시에는 제가 어리기도 했고 외로웠고, 내면의 충돌이 아주 심했던 시기라 힘들었죠. 그때는 많이 힘들었는데 많이 성숙해졌고 특히 부모님에게 감사하는 딸이 됐습니다. 아시아 상하이 쪽은 남편과 같이 갔는데 정말 성취감을 많이 준 도시였습니다. 신혼생활을 글로벌 도시에서 보내서 로맨틱한 추억도 많이 쌓았습니다. 아시아인의 문화가 더 편하기도 했죠.

P : 캐나다에서 7년 동안 있으면서 느낀 점은 굉장히 평화롭다는 것입니다. 스트레스 레벨이 굉장히 낮아요. 개인적으로 지루한 면이 있었습니다. 반면에 동남아시아에서는 굉장히 역동적이고 바쁘게 지낼 수 있었습니다. 개발도상국이기에 여러가지 기회가 많기 때문에 저는 굉장히 만족하면서 살고 있습니다. 그러나 좋은 것만 있는 건 아니죠. 오랫동안 해외에 살다 보니까 내가 100% 한국인이라는 말을 못 하겠더라고요. 그런데 지금은 글로벌화되면서 노마시안들이 많이 생겨나고 젊을 때부터, 아니면 아예 어렸을 때부터, 태어날 때부터 해외에서 생활했던 한국인도 많아지기 때문에 더 변할 것이라고 생각하고 있습니다.

여러분은 아시아 여러 국가 중에 어느 나라가 좋았다는 느낌이 들어요?

K : 다 각각의 매력이 있습니다. 특히 말레이시아 조호바루에 많이 갔었는데 공기가 너무 좋았어요. 그래서 말레이시아에서 살고 싶다는 생각도 했죠. 사실 캄보디아에 가기 전에는 '못 사는 나라 아니야? 지저분하지 않아? 다 있을까?' 그런 생각을 했는데, 가보니까 다르더라고요. 프놈펜에 여러 번 가봤는데, 한 달 만에 바뀌고, 또 한 달 만에 건물이 올라갔어요. '아, 여기가 또 기회의 땅이구나.' 하는 생각을 했습니다.

P : 캐나다 같은 경우 젊을 때는 굉장히 지루하기 때문에 은퇴하고 나서 가면 좋겠다는 생각입니다. 아이를 낳고 교육을 시키기에는 말레이시

아가 좋은 것 같습니다. 말레이시아가 중국어랑 영어를 배우는 국가기 때문에 언어 교육 부분에서 강점이 있습니다. 그리고 싱가포르랑 접경지이기 때문에 경제 생활수준이 낮지 않은 부분도 있습니다. 제가 살고 있는 베트남도 경제가 굉장히 역동적으로 돌아가고, GDP가 매해 6~7%씩 발전을 하는 나라입니다. 개인적으로는 호치민에 살고 있는 게, 동남아시아에 살고 있는 게 굉장히 만족스럽습니다.

일만 하신 것이 아니라 투자해서 돈도 버셨어요. 어떤 식으로 투자를 하셨는지 궁금합니다.

P : 저는 자산 관리 쪽 일을 하고 있기 때문에, 부동산과 주식에 투자를 합니다. 총 자산을 100으로 보면 70% 부동산에 투자를 하고 30%는 주식에 투자를 하고 있죠. 부동산은 대부분 안전 자산이라고 보거든요. 대신 환금성이 좀 떨어진다는 것이 단점이에요. 그 부분을 대비해서 환금성이 빠른 주식으로 30% 두고 있습니다. 주식에 투자한 30%가 40%로 올라가면 그 10%를 떼서 부동산에 다시 투자를 하고 있습니다.

K : 저는 사실 부동산업을 할 줄 몰랐습니다. 그 전에는 일을 하면 월급이 모래알처럼 쏙 빠져나가고 없었어요. 커리어는 쌓이는데 남는 게 없는 거예요. 불안했죠. 그런데 제가 남편 덕분에 가면서 상하이에 부동산업의 미디어팀으로 일하게 됐거든요. 그러면서 부동산에 눈도 뜨게 됐습니다. 가보면 알잖아요. 주식도 처음에는 무서웠는데 지금은 10% 정도

하고 있습니다. 부동산은 소소하게 하고 있습니다.

아시아는 달리는 말이라고 생각해요. 달리는 말에 올라타는 것이 아주 중요하다라고 생각하거든요. 두 분이 이미 비즈니스도 올라타고 있고 부동산도 올라타고 있으니까 앞으로 굉장히 좋을 것이라 생각합니다. 한국에서는 일반적으로 보이는 비즈니스도 개발도상국에 적용하면 새롭고 혁신적인 아이디어로 거듭날 수 있습니다. 내가 가고 싶은 길, 내가 하고 싶은 일을 자신감 있게 해나갈 수 있는 블루오션 지역인 아시아가 여러분들이 갖고 있는 꿈 중 많은 부분을 해결해줄 수 있습니다.

저도 30대 초반에 중국으로 건너가 좌충우돌했는데 그때 만일 누군가 좋은 멘토가 있었다면 좀 달라지지 않았을까 생각합니다.

해외에서 할 사업만이 아니라, 자녀의 교육에 대한 부분도 미리 좀 누군가 알려주었다면 실수를 줄일 수 있지 않았을까 이런 생각을 자주 해봅니다.

그래서 더더욱 지금 청년의 시절에 해외에 나온 노마시안들에게 일을 잘하는 것, 자산을 잘 관리할 것, 자녀 교육을 잘할 것에 대한 이 세 가지 3박자 관리를 놓치지 않기를 기대합니다.

노마시안의 생활비

생활비에서 우선 임대료를 해결하는 게 가장 중요합니다. 보통 집이 1년에 한 번씩 계약입니다. 1년에 한 번씩 집을 옮겨 다녀야 하는 불편함이 있죠. 그리고 비쌉니다. 방 2개 기준으로 해서 거의 70~80만 원에서 100만 원 정도 합니다. 방 2개에 200만 원 이상 되는 곳들도 많습니다. 특히 개발도상국 같은 경우는 좋은 집이 많지 않아서 우리가 얻을 수 있는 집은 더 비싸죠. 한국에 비해서는 너무 높은 금액입니다. 그러니 바로 거주할 수 있는 곳에 집을 사시는 게 좋습니다. 대부분은 대출 등 지원을 해줍니다. 임대 시에 가전가구는 주로 다 배치가 되어 있으니 개인이 준비할 물건은 그렇게 많이 없습니다. 또 어딜 가나 한국교민 부동산이 있어서 크게 어려운 점은 없습니다.

그다음은 정착입니다. 비자를 만들어서 정착을 해야 되는데, 회사에서 주재원으로 파견이 되어서 건너가는 게 가장 좋겠죠. 그러면 기본적인 생활이 보장이 되고 학비도 지원을 받을 수 있어서 넉넉한 생활을 할 수 있습니다. 유학 비자를 받아 오거나, 여기서 자영업을 하시는 분들은 따로 비자에 대한 부분을 잘 보시고 오셔야 해요. 특히 중국 같은 경우는 자격 조건이 안 되는 분들도 많습니다. 필요한 서류들을 반드시 점검해서 오셔야 됩니다.

생활비는 한국에서 들어가는 비용만큼 들어간다고 생각하시면 됩니다. 한국보다 아주 저렴하다고 생각하시면 안 돼요. 4인 가정 기준으로 교육비 제외하면 거주비와 생활비가 적어도 300만 원 이상은 든다고 봐야 되겠죠. 학교를 어디에 다니느냐 등에 따라 차이가 나는데, 공짜부터 연 5,000~7,000만 원까지도 들어가는 학교들이 있거든요. 그래서 내가 어떤 기준으로, 어떤 자금 플랜에 따라 살아갈 것인가에 따라 맞추면 됩니다. '한 달에 100만 원을 기준으로 하는 라이프를 살아보겠다.' 하면 거기에 맞는 지역으로 이사를 가고, 거기에 맞는 학교를 가면 되죠.

02 부와 행복을 누리며 살아가는 사람들

호치민 집

노마시안

133

02 부와 행복을 누리며 살아가는 사람들

5 | 노마시안 2세대
: 기회를 얻는 부모, 꿈을 꾸는 아이들

136

저는 고향이 강원도입니다. 그런데 부모님이 도시로 보내줘서 학교를 다녔어요. 남겨주신 돈보다 교육적인 환경에 대해서 더 감사한 마음입니다. 편안함에 안주하지 않고 정글 속으로 들어간 부모를 두신 노마시안 2세대 두 분을 모셨습니다.

정우형

J : 9살 때 아버지가 주재원으로 발령이 나셔서 상하이로 가게 되었고 10년 좀 넘게 살다가 한국 돌아옴. 한양대학교 경영학과 졸업, 현재 아시아부동산 컨설팅회사 근무 3년차.

김석희

K : 1살 때 중국 상하이로 갔다가 선전, 난징에 살다가 상하이에서 졸업. 서울대학교 자율전공 1학년.

두 분 다 자신의 의지로 간 것이 아니라 부모님을 따라서 나오셨죠. 문화적 장벽, 언어적 장벽이 있었나요?

J : 대부분의 아이들이 그렇듯이 초등학교를 입학하면서 첫 사회생활을 시작하는데, 저는 그때쯤 해외에 나갔습니다. 언어적인 장벽과 문화

적인 장벽을 많이 경험했어요. 영어도 잘 못하고 중국어는 당연히 못했죠. 따돌림도 당해본 적 있어요. 처음 2년간은 친구가 없었습니다. 영국 국제학교를 다녔는데 전교생 200명 정도가 대부분 서양 친구들이었고 한국 학생은 서너 명 정도, 거의 손에 꼽을 정도였습니다. 다른 한편으로는 그런 상황 속에 놓이다 보니까 자연스럽게 적응을 빨리 하게 되고, 다양한 문화권을 몸으로 체험하게 되었습니다. 영어와 중국어 한국어까지 3개 국어를 할 수 있게 되었어요.

K : 시작은 좀 어려웠습니다. 제가 중국 로컬 학교를 다녔는데 중국어를 잘 못했습니다. 학교에서도 외국인은 저 혼자여서 눈에 띄었죠. 주먹싸움도 한 적이 있었는데 화해를 한 다음에는 그 친구랑 친해졌어요. 수업시간에 몰래 저에게 사탕도 줬죠. 그 이후로는 친구들과 다 친해져서 중국 문화에 대해서 많이 배우게 되었고, 중국어도 쉽게 배웠습니다. 그 뒤부터는 국제학교로 넘어가서 영어도 좀 더 제대로 배우고 중국어도 틈틈이 같이 더 배웠습니다.

지금은 한국 대학교에 다니고 있으시죠? 좋은 점과 어려운 점을 말해주세요.

K : 수학이 많이 어려워요. 그리고 대학에선 토론 수업을 많이 하는데 학생들이 잘 안하려고 하니까 2시간 수업 내내 저 혼자 말하고 있을 때가 있어요. 교수님들이 그런 걸 잘 봐주시니까 점수가 잘 나오는데, 그럴 땐

수업시간에 재미가 없기도 합니다.

J : 사실은 어려서부터 해외에 살다 보니 정체성에 관한 혼란이 있었어요. 그런데 성인이 되어 한국에서 사회생활 하다 보니까 다시 잘 잡히는 것 같습니다. 한국 대학교의 교육과정도 굉장히 잘되어 있기 때문에 좋은 경험들을 많이 하기도 하고요.

영어와 중국어 말고 다른 언어도 할 줄 아는 것이 있나요?

K : 지금은 없지만, 핸드폰으로 매일 스페인어를 2분씩 듣고 있습니다. 아직 '안녕하세요 밥 먹었어요?' 이것밖에 못하는데, 서른 되기 전까지는 스페인에 떨어졌을 때 굶어 죽지 않을 정도로 할 예정입니다.

J : 영어, 중국어, 한국어 3개는 중국에 살면 기본이죠. 그리고 어렸을 때 애니메이션이나 만화책으로 봤던 일본어 조금합니다. 그리고 코로나19 사태 이전에 중남미 여행을 두달 반 정도 다녀왔는데, 굶어 죽지 않을 정도의 생활 스페인어를 많이 배우고 왔습니다.

부모님들을 따라간 외국에서 성장하며 감사하다고 생각한 것이 있다면 말씀해주십시오.

J : 어렸을 때 새로운 환경에 있었던 만큼 적응력도 커졌고 새로운 문

화를 받아들이는 데 굉장히 유연해요. 언어가 굉장히 중요한 시대에, 학원에서 몇백만 원씩 주지 않고도 자연스럽게 익힐 수 있었고 문화까지 이해할 수 있게 되었죠. 이런 기회를 주신 것에 대해 부모님께 굉장히 감사하고 있습니다. 한국에서 대학생활을 하다 보니 한국에서 자란 친구들이 닫힌 사고를 한다는 걸 느껴요. 물론 사람마다 다르겠지만, 한국에서만 미래를 생각하고 한국에서만 사회생활을 한다는 생각들이 있더라고요. 노마시안 2세대로서, 저는 시야가 많이 넓어진 것 같습니다. 더 넓은 시장에 더 넓은 세계에 기회가 더 많이 있다는 것을 알고, 꿈꿀 수 있다는 점이 감사합니다. 어머님 아버님, 자의든 타의든 부모님 따라갔던 것이 값진 기회였습니다. 지금의 제가 있기까지 큰 거름이 됐고 이런 여러 가지 배운 점들과 가진 장점들을 잘 활용해서 더 멋진 사람이 되어 효도하도록 하겠습니다.

김석희 : 서울대 1학년 / 김영채 : 서강대 입학 / 박현우 : 중국상하이 중3 / 모두 노마시안 자녀들

K : 저는 아직은 확실히 모르겠습니다만, 가치관이 다른 많은 사람들을 만나면서 느낀 것이 있습니다. 저는 '남들이 어떻게 생각하든 딱히 신경 안 쓴다'라고 생각합니다. 학교를 다니면서도 남들이 나를 어떻게 보는지, 수업시간에 어떤 생각을 하는지, 무슨 말을 하는지 신경쓰지 않아요. 그래서 교수님 말이 마음에 안 들면 바로 '아니에요.'라고 말하죠. 그럴 때 친구들이 저를 이상한 사람으로 봐요. 그래도 저는 그게 나쁘지 않다고 생각합니다. 이런 것도 많은 사람들을 만나보고 여러가지 문화를 겪어보았던 일이기에 충분히 가능하다고 생각합니다. 엄마, 고맙습니다. 참 쉽지 않았을 텐데, 생전 가보지 않았을 곳에 무작정 가셔서 힘드셨을 텐데, 우리 어리광 부리는 것도 받아주시고 끝까지 포기하지 않고 끌고 가주셔서 정말 감사합니다.

사랑해요. 노마시안의 삶에 대해서 어떻게 생각하시는지 2세대가 보는 의견이 궁금합니다.

J : 비전은 있습니다. 한곳에 머무르면 안전할 수는 있지만 발전은 없다고 생각해요. 더 나아가고 더 나은 기회를 찾으려면 도전을 해야 되잖아요. 노마시안의 길을 볼 때 누군가는 어쩌면 '리스크 있다. 왜 너는 그런 위험을 감수하느냐' 할 수 있지만 나중에 돌아봤을 때는 결국 값진 길이 되지 않을까 합니다. 값진 유목민의 생활이 될 겁니다. 젊은 세대들이 도전 하지 않으면 누가 하겠어요?

K : 저는 살짝 조심해야 한다고 생각합니다. 물론 현재 생활에 안주하지 않고 새로운 걸 찾아가는 건 매우 중요합니다. 그러나 무작정 새로운 걸 시도하는 것에만 치중하다 보면 눈앞에 있는 기회나 자신의 삶을 놓칠 수도 있잖아요. 더 많이 알아보고 새로운 것을 찾아보는 것도 나쁘지 않다고 봅니다. 지금 당장이 아니라, 전체적인 인생을 큰 그림으로 봤을 때 계속 새로운 곳을 찾아가고 여행하면서 살아가는 것이 노마시안의 삶이 아닌가 생각합니다.

앞으로 제 나이쯤 되면 세상을 날고 있겠네요. 마지막으로 노마시안의 삶을 잘 모르는 분들에게 하고 싶은 말씀이 있으면 해주세요.

J : 이 책을 읽는 분들은 크게 두 분류일 것 같습니다. 노마시안이라서 공감하시거나 혹은 노마시안을 궁금해하고 꿈꾸지만 아직은 떠나지 못하신 분들. 저는 그분들에게 꼭 떠나라고 말씀드리고 싶습니다. 떠나시면 분명 기회가 있을 겁니다. 해외로 떠나면 힘들고 두렵기도 하겠지만 분명 기회는 존재하고, 자녀가 있으시다면 자녀들에게 꿈을 심어줄 수 있는 기회가 될 것입니다. 제가 노마시안 2세로서 지금 꿈을 가지고 있는 것처럼요. 자녀분들에게 더 큰 꿈을 줄 수 있는 환경이 한국일지 세계일지 생각해보세요. 무조건 세계라고 생각합니다. 더 넓은 기회, 더 넓은 시장, 더 넓은 문화와 사람들이 존재합니다. 막막하셔도 떠나보세요.

K : 사람들이 생각을 여러 번 많이 하는데, 오히려 처음에 든 생각이 적성에 맞는 것 아닐까요? 하고 싶은 게 있으면 일단 무조건 지르고 보는 것이 좋다고 봅니다. 비합리적이거나 이상한 일일지라도 해봐야 후회가 안 되죠. 자신이 생각하는 것에 자신감을 가지고 시도를 하시면 좋겠습니다.

노마시안 부모들이 자녀들에게 줄 수 있는 세 가지 선물이 있습니다. 첫째, 언어. 둘째, 담대함 셋째, 기술, 인맥, 환경, 문화 등의 무형의 자산이죠. 이 세 가지 선물을 받은 젊은 세대들이 앞으로 우리나라를 이끌어 나갈 훌륭한 인재들이 될 것이라고 생각합니다.

아이들의 선생님 이야기

선생님은 기본적으로 수업을 하지만, 해외에서 학교를 보내다 보면 공통적인 평가가 친구 같은 선생님이 많다는 것입니다.

어떤 아이는 5학년 때 옮겨갔는데 영어 성적이 너무 안 좋았어요. 싱가포르 학교에서 중상위 정도 하는 줄 알았는데 SMIC로 옮기니까 바닥이었던 겁니다. 영어 성적이 F였습니다. 선생님과 상담을 가서 이러저러해서 걱정이라고 했더니 이렇게 말씀하셨습니다.

"왜 걱정을 하세요? 제가 봤을 때 아이는 전혀 문제가 없습니다."

그런데 암기가 잘 못하는 편이라 문학 파트를 들어가면서 더 못 따라가게 됐습니다. 어느 날 선생님이 아이에게 "그렇게 걱정이 되면 일주일에 2번 내가 봐줄게. 학교 끝나고 남아 있을래?" 하셨다고 합니다. 그래서 1년 내내 일주일에 2번씩 따로 봐주셨습니다. 나중에는 성적이 A로 올라갔습니다.

뭘 바라고 한 게 아니라 선생님은 당연히 아이가 어려울 때 도와주는 사람이라는 생각을 하는 것 같습니다. 손을 내밀었을 때 'No' 하는 선생님은 없습니다.

어떤 아이는 축구를 좋아했는데, 11학년이 되면서 엄마가 축구를 하지 말라고 했습니다.

그때 '미스터 앵그리'라는 선생님이 학부모에게 편지를 썼다고 합니다. '내가 네 아들을 지켜봤을 때 이 시간에는 공부를 하는 것보다 축구를 했을 때 더 많은 것을 얻는다. 네 아들이 리더인 팀에 내 아들도 있는데 같이 축구를 할 수 있는 기회를 줬으면 좋겠다'는 내용이어서 감동을 받았다고 합니다.

한국 사람들이 생각할 때는 '선생님이 굳이 안 해도 되는데' 싶은 일을 해주는 것 같습니다. 아이들 인생의 터닝포인트에 중요한 역할을 하시죠. 뭔가 부족한 아이가 있으면 그걸 잘하는 아이와 짝꿍을 시켜준다지 하는 신경을 씁니다.

공개수업을 갔을 때도 놀랐는데, 수학 시간에 조별로 활동을 하는데 아이들 스스로 공식을 만들고 이끌어내고 있었습니다. 연구하면서 놀 듯이 수업을 하는 것이 인상적이었죠. 영어 시간에는 아이들이 엉뚱한 소리를 하더라도 다 들어주었습니다. 한국이었으면 "하지마, 조용히 해. 왜 그런 소리를 하니?" 하고 핀잔이 날아올 수도 있었을 것 같습니다.

02 부와 행복을 누리며 살아가는 사람들

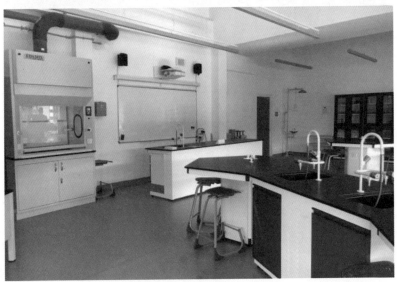

02 부와 행복을 누리며 살아가는 사람들

02 부와 행복을 누리며 살아가는 사람들

6 │ 지금도 노마시안의 길을 걷는 사람들

아시아에 나와 실패를 경험하고 한국으로 돌아간 분들도 있습니다. 순탄하게 적응하신 분들도 있고, 실패를 딛고 버텨서 지금도 노마시안의 길을 걷는 사람들이 있습니다. 최근 중국에서 대기업 임원으로 오랫동안 있었던 노마시안분도 이제는 한국에 가서 쉬고 싶다고 하셨습니다. 그래서 제가 이야기했습니다.

"한국에 가서 쉬더라도 해외에 나가 있는 사람들에 대한 컨설팅 같은 것을 꼭 해주세요."

'내 할 일 다했으니 나는 관심 없다.'

이제는 이렇게 얘기하지 말고, 잠자고 있는 노마시안들을 위해 다시 일어나야 합니다. 이제 노마시안의 성공과 실패가 전수되어야 합니다. 그동안 얻은 노하우들을 지식화시키고, 다른 사람에게 멘토링해주고 잘 전달해준다면 누군가에게는 큰 힘이 될 수 있을 것입니다.

우리나라의 역사에서도 재외동포들의 역할이 컸습니다. 고려인은 우리 민족의 독립을 위해 투쟁했으며, 하와이 이주동포는 독립운동자금을 송금했습니다. 조선족은 북한과의 교류를 통한 남북한의 가교 역할을 하고 있고, 재일동포는 IMF 위기 시 15억 달러를 송금하며 모국에 대한 강한 열망을 보여주었습니다. 스페인 옥수수 밭으로 갔던 많은 노동자들이 한국 전쟁 당시에 많은 군사물자를 제일 먼저 보내준 사람들이었습니다. 미국의 동포들은 미국 시장 진출의 교두보가 되기도 했습니다.

최근에는 세계 각국의 동포들이 한류를 전파하기도 합니다. 어떻게 보면 다른 지역의 유목민입니다. 다른 노마시안들이었다는 거죠. 꼭 독립운동이나 전쟁, IMF처럼 큰 국가적 위기가 아니더라도 동포들이 가지고 있는 힘이 우리나라를 살릴 수 있다고 생각합니다.

그리고 지금의 재외동포들은 예전의 동포들과 약간 다릅니다. 예전 재외동포들은 기근이나 압제, 전쟁, 식민통치 같은 모국으로부터 비롯된 요인으로 떠나갔습니다. '배출'되어 떠난 것입니다. 특히 농민이나 노동자, 하급 군인 등 하급 계층들이 사실 이민을 많이 갔죠. 그렇게 떠나간 거주국에서도 일시적으로 체류를 했습니다.

그러나 지금은 재외동포들의 이슈가 변화되었습니다. 물론 예전처럼 어쩔 수 없이 가야만 하는 상황도 있지만, 대부분 더 나은 삶의 질을 위해서 자발적으로 이주하는 사람들이 상당히 많아졌습니다.

그리고 최근의 재외동포는 도시 출신의 고학력자들이 더 많습니다. 화이트칼라나 전문기술층 등 중산층들도 많아졌습니다. 그래서 실제로 그렇게 이민을 가거나 다른 지역으로 도전하고 개척하러 간 부모들과 같이 자란 아이들이 또다시 좋은 고학력 인재들로 새롭게 배출되고 있습니다.

저도 30대 초반에 중국에 들어와서 이제 50세가 넘어버렸습니다. 청춘을 도전과 개척으로 보내고 나니 한때는 피곤함도 많이 들고 한국으로 돌아가고 싶은 마음도 많았습니다. 지금은 오히려 굳은살이 생겨서 견딜 만한 것 같기도 합니다.

그리고 더 기대되는 것은 우리 자녀 세대들이 등장하고 있다는 것입니다. 비즈니스하는 부모를 따라 어릴 적 현지에 와서 생활과 문화를 자연스럽게 체득하고 중국어와 영어 등에 능통한 세대의 자녀들이 이제 사회에 진출하고 있습니다. 새롭고 글로벌한 생각으로 여러 아시아 국가에서 성장하고 있습니다.

해외에는 한국상회 혹은 한인회라는 단체들이 있습니다. 코로나19로 어려울 때 교민들을 위한 마스크를 무료로 나누어주고 시시각각 변하는 정보들을 신속하게 제공하면서 교민들이 한마음이 되었습니다. 또한 한국에서 중국으로 와야 하는데 비행기가 뜨지 않아 어려움을 겪고 있는 학생과 기업인들을 위해 전세기를 띄워서 많은 코로나 이산가족들을 만날 수 있도록 도왔습니다.

그뿐이 아닙니다. 한국에 마스크가 부족하던 시절에는 한국에 계신 가족들에게 마스크를 보내는 캠페인을 벌이기도 했습니다. 얼마 전 미국에 갑자기 확진자가 많아지면서 마스크가 필요하던 시절에도 미국과 캐나다로도 마스크를 보내기도 했습니다.

이렇게 각 나라에서 갖고 있는 장점으로 다른 나라에 있는 교민들을 돕고 하나가 되는 귀한 경험은 아마 절대 잊지 못할 것 같습니다.

노마시안은 토양을 만들어가는 사람들입니다. 그 토양이 시간이 가면서 힘을 발휘하고 있습니다. 예를 들면 지금 블루아이는 상하이를 시작으로 베이징, 톈진, 선전, 광저우 지역에 정착했던 노마시안과 더 의미 있는 일을 만들고 있습니다.

예전에 엔젤투자자들이 젊은이들의 꿈에 대해서 돈으로도, 멘토로서도 꿈을 키워나가는 데 도움을 줬듯이, 새 노마시안들이 틀을 더 잘 닦을 수 있도록 지금의 노마시안들이 돕는다면 좋겠습니다.

새로운 노마시안들을 위해 '손안의 캠퍼스'를 운영하고 있습니다.

해외에서 경험한 노하우들을 온라인 강의와 오프라인 미팅을 통해 성공사례와 실패사례를 전달하고 격려하며 위로하고 있습니다.

아시아에서 성공을 꿈꾸는 청년 노마시안과 기업을 돕는다는 사명으로 새로운 노마시안의 꿈을 돕는 손안의 캠퍼스로 실전 경험에 풍부한 분들이 강사로 더 많이 배출되었으면 좋겠습니다.

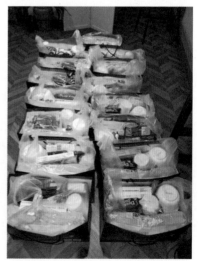

159

02 부와 행복을 누리며 살아가는 사람들

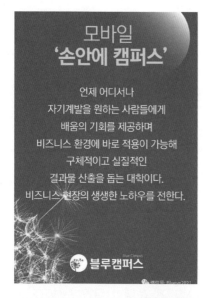

163

노마시안 커뮤니티

해외에 나가면 찾는 곳이 커뮤니티입니다. 2가지로 나눌 수 있습니다. 실물 세계의 커뮤니티입니다. 코리아타운, 생활정보지, 동호회 이런 단체죠. 그리고 또 하나, 웹과 모바일상의 커뮤니티입니다.

한국은 카카오톡, 미국은 페이스북, 중국은 위챗, 일본이나 대만은 라인, 이런 것이 커뮤니티겠죠. 그 안에는 친구들이 있습니다. 적극적으로 그런 데 들이기서 어떻게 운영이 되는지 보고, 정보도 물어보고 때로는 답하면서 참여하는 게 좋습니다.

중국은 중국 전체를 볼 수 있는 '중정공'이라는 모임이 있습니다. 상하이 및 각 지역에 한국 상회라는 단체가 있고, '두레마을'이라는 다음카페도 있습니다. 또 총영사관이라는 기관이 있습니다.

코로나 때문에 마스크 배포를 한다든지 전세기 운영을 하는 데 기여를 했죠. 상하이에 한국상회, 한국인회가 '교민들이 들어오고 나가야 된다'고 해서 사전조사를 하고 정확한 데이터를 통해

상하이에 제출하고 허가를 받아서 결국 전세기를 5차까지 운영
했습니다. 어려운 시기에 1,000명 넘게 한국에서 중국으로, 또
중국에서 한국으로 사람들을 도왔던 사례가 있습니다.

이제 4차 산업혁명 시대라 음식이나 식당에 대한 플랫폼, 여행
에 대한 플랫폼, 기업에 대한 플랫폼 등 종류가 많습니다. 지금
은 해외에 나왔을 때 다양한 정보를 쉽게 받을 수 있습니다.

중국 한인 신문사 및 커뮤니티		
	중여동	cafe.daum.net/chinacommunity
	만토우	(유학생의 눈으로 바라본 중국) blog.naver.com/666china
	알리고	www.alligo.com.cn www.alligo.org 알리고 중국4개도시 위챗 단체방 운영 중(베이징, 텐진, 광저우, 상하이)
상하이	상하이저널	www.shanghaibang.com
	상하이 에듀뉴스	교육 관련 채널
	상해한인신문	www.shkonews.com
	두레마을	cafe.daum.net/shanghaivillage
	상해맘카페	cafe.naver.com/shanghaimama
	복단대 커뮤니티	cafe.naver.com/shaliuxue

베이징	온바오	www.onbao.com	
	북유모	cafe.daum.net/studentinbejing	
	베이징저널		
선전 광저우 동관 광동성	라이프매거진	https://blog.naver.com/golife88	
	칸칸플랫폼	중국 실시간뉴스	
홍콩	위클리홍콩	weeklyhk.cafe24.com	
	홍콩 수요저널	www.wednesdayjournal.net	
소주	연합타임즈	https://cnytnnews.com	
남경	교민라이프		
이우	니하오(이우114)	www.yiwu114.co.kr	
	알림방		
텐진	포커스기업소식		
선전 광저우		광동 라이프	
산동성, 칭다오, 지난		한인뉴스 한인저널	
중경		서남저널	
연변	연변일보	www.iybrb.com	
	길림신문	www.jlcxwb.com.cn	
	흑룡강신문	www.hljxinwen.cn	
	해란강	www.ihailanjiang.com	
중국 외 아시아권			
싱가포르	싱가포르 코리안월드	www.koreanworld.sg	

캄보디아	뉴스브리핑 캄보디아	www.nbcambodia.com
베트남	라이프플라자	https://vietnamlife.co.kr
	베트남 그리기	cafe.naver.com/vietnamsketch
	베맘모(베트남맘모여라)	cafe.naver.com/chaoba/176857
미얀마	모닝 미얀마	morningmyanmar.com
말레이시아	마이 말레이시아	naver.me/5QxzmA30
	내사랑조호바루	naver.me/5ZuXQ3R3
인도네시아	한인포스트	haninpost.com
태국	태국 교민잡지	kyominthai.com
필리핀	필살기	philsalgi.com/xe
몽골	몽골한국신문	http://www.mongolkorea.com

노마시안으로 살아가면서 불편했던 점

노마시안으로 살면서 불편한 점도 많습니다. 그중 3가지만 이야
기해보겠습니다.

1. 문화가 다르고, 언어도 문제가 됩니다.
언어가 통하지 않은 상태에서 아직 문화 수준이 높지 않은 나라
에 거주하게 될 경우 매번 호흡을 천천히 해야 합니다.

금방 온다고 하는 사람이 몇 시간이 지나서 오기도 하고 다음 날
오는 경우도 있습니다. 약속에 대해 미안해하는 것도 없고 당연
하다고 생각하는 경우, 또 된다고 했던 일들도 언제 내가 그랬냐
며 발뺌을 할 경우 성격 급한 한국인들은 성격이 아주 나빠질 가
능성이 많습니다.

20여 년이 되어서야 저는 평정심이 생겼습니다.

문화가 다른 부분에 대해 내 수준으로 안 된다고 조급해하지 말
아야겠다는 교훈도 얻었습니다.

2. 무엇보다 사실 가장 힘든 것은 비자 문제입니다.

영주권을 주지 않는 사회주의 국가에 사는 사람들은 주기적으로 갱신을 해야 하기 때문에 안정적이지 못하다는 생각을 하게 됩니다.

특히 정치적인 문제가 생겼을 때의 처우가 신경이 쓰입니다. 국가와 국가 간 외교적인 이슈가 생겼을 때 실질적으로 불이익을 받기도 합니다. 1년 혹은 2년씩 연장하면서 거주하게 될 때 가장 불편함을 느낍니다.

실제 중국은 비자 관리가 엄격해져서 자국학생들의 취업보장을 위해 외국인들은 대학을 졸업하고 바로 중국에서 취업하기가 어려워졌습니다. 중국에서 대학을 졸업 후 2년이 지나야 취업을 할 수 있어서 학생들이 실제 한국으로 많이 돌아갔습니다. 머무르고 싶어도 합법적으로 머무르지 못하기에 떠나고 싶어지는 이유가 되기도 합니다.

3. 다른 어려운 문제는 외교 관계입니다.

한국은 한류로 인해 사실 동남아 국가들과 좀 더 친밀하게 지낼 수는 있습니다. 대화를 〈태양의 후예〉나 〈사랑의 불시착〉 등으로 시작할 수 있어서 분위기가 좋기도 합니다. 그러나 긴장되는 외교 문제가 발생할 때는 모든 규제가 시작되고 불편한 비즈니스 환경이 될 수도 있습니다.

사드 문제가 발생했던 경우 한국인이라는 이유로 비즈니스를 거부당하는 경우도 있었습니다. 그동안 파트너로 일했던 회사에서 말하기를 자신의 회사는 국영기업이라 한국회사와 일을 하면 큰일 난다고 이번에는 그만하는 것이 좋겠다고 해서 당황한 적이 있습니다. 물론 지금은 관계 개선은 되었습니다.

일본과의 안 좋은 이슈가 있을 경우는 일본산 차를 부순다거나 조금 격렬한 반응이 있기도 했습니다.

한때 저도 일본 닛산차를 갖고 있었는데 당시 밖에서 혹시 누가 돌 던질까 봐 걱정하기도 했습니다. 우리나라가 외교를 잘해야 그 나라에서 사는 재외국민이 살기가 편안해집니다.

그 외에도 해외에 있지만 한국인으로서 열심히 살아가려 하고 한국을 사랑하는 마음이 있는데 발언권이 주어지지 않는 부분도 있습니다.

감사한 부분들이 더 많지만, 어쨌든 버티고 살아내야 하는 입장
이라는 점이 힘듭니다. 우리가 일구어놓은 것들을 다음 세대에
게 잘 전해주자는 마음으로 더 버티고 있습니다.

새로운 노마시안의 시대를 기대합니다.

NOMA
SIAN
LIFE
STYLE _____

"부를 쌓으려면 길을 닦아야 된다." 중국에서 속담처럼 쓰이는 말입니다. 지금 아시아에는 길이 놓이고 있습니다. 미얀마, 라오스, 태국, 캄보디아, 베트남, 싱 가포르, 말레이시아, 인도네시아, 필리핀, 브루나이라는 아세안 10개국이 연결 되고 있습니다. 이 네트워크 속에 노마시안이 뛰고 있습니다. 고정관념을 깨 십시오. '동남아'라고 뭉뚱그리지 말고 각 나라를 봐야 합니다. 언어도, 종교도, 정치 체계도, 발전 정도도 다릅니다. 그 안에 각각 다른 기회들이 있습니다.

아세안 10개국의
노마시안 라이프 전격 해부

1 │ 아시아는 이제
일대일로로 묶인다

동남아시아를 이해하기 위해서는 먼저 중국의 일대일로를 이해해야 합니다. 중국에는 이런 말이 있습니다.

"부를 쌓으려면 길을 닦아야 한다."

그래서 20년 전의 중국은 여기저기 다 길을 만들고 집을 지었습니다. 그런데 시간이 지나고 보니까 그게 정말 실수요자들로 다 채워졌습니다. 중국에서는 길을 만들면 사람이 지나가고 사람이 지나가면 물건이 지나가고 또 물건이 지나가면 돈이 따라온다고 합니다. 결국 비즈니스의 개념으로 이해하시면 될 것 같습니다.

일대일로도 결국 길에 대한 이야기입니다. 일대일로는 구체적으로 말 그대로 '일대'는 One belt를 뜻하고 '일로'는 One road를 뜻합니다. One belt는 중국에서부터 시작을 해서 중앙아시아와 러시아를 지나서 유럽으로 가는 육상 벨트를 뜻하고, One road는 21세기 해상 실크로드를 이야기합니다. 중국에서부터 시작해서 동남아시아를 거쳐 중동과 유럽으로 옮겨가는 이런 형태의 노선을 '일로'라고 얘기합니다.

유라시아를 하나의 경제권으로 묶으려고 하는 국가의 대전략이라고 볼 수 있습니다. 2020년까지의 상하이 개발 계획도 이미 90% 이상 완료되었습니다. 2035년까지의 개발 계획도 박차를 가하고 있습니다. 전부 일대일로를 향해서 개발되고 있죠. 중요한 것은, 일대일로 정책과 관련하여 65개의 나라가 연관되어 있다는 겁니다. 이 나라들의 총 인구가 44억 명입니다. 세계 인구의 65% 정도, 경제 규모는 21조 달러로 전 세계 경제의 30% 조금 못 미칩니다.

노마시안

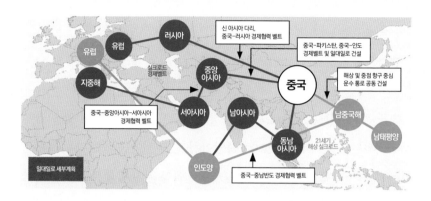

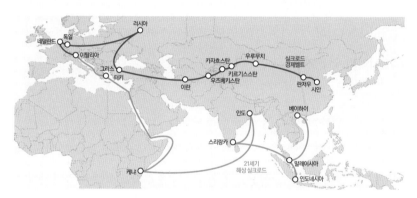

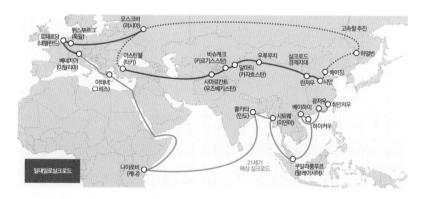

03 아세안 10개국의 노마시안 라이프 전격 해부

지도를 보시면 동쪽은 역동적인 동아시아 경제권이 있고 서쪽은 유럽 경제권이 있습니다. 중간에는 잠재력이 굉장히 많은 나라들이 있죠.

빨간색은 육상벨트, 파란 색깔은 해상으로 가는 실크로드입니다.

지금 현재 '일대(One belt)', 즉 육상 실크로드의 5개 노선이 있습니다. 중국에서부터 시작해서 첫째로 중앙아시아, 러시아를 거쳐서 유럽으로 가는 벨트가 있습니다. 둘째로는 중앙아시아를 거쳐서 페르시안만, 서아시아를 거쳐서 유럽으로 가는 벨트입니다. 셋째는 중국과 동남아시아를 거쳐서 남아시아, 그리고 인도양으로 가는 노선입니다. 마지막 노선이 노마시안과 연관이 있습니다.

한편 일로(One road), 즉 해상 실크로드는 3단계에 걸쳐 계획되었습니다. 1단계는 2020년까지, 2단계는 2030년까지, 3단계는 2050년까지 완성됩니다. 먼저 중국 연해에서 출발해서 남중국해를 지나서 동남아시아와 인도양 있는 곳을 지나 유럽까지 가는 벨트가 있습니다. 둘째는 중국에서 남중국해를 지나서 남태평양으로 갑니다. 동남아쪽으로 가는 벨트는 나중에 육상 벨트와도 연결이 될 것이라고 예측합니다.

일대일로가 잘 완성되기 위해서는 경제회랑이 잘 이루어져야 합니다. 경제회랑이란 주요 국가들의 인프라를 만들고 연결하는 것입니다. 예를 들어 경제회랑이 잘 이루어지면 유럽 노트르담에서 베이징까지 가는 데

2개월 걸릴 것을 이틀 만에 도착하게 할 수 있는 것입니다.

경제회랑은 주로 TCR(중국횡단철도)를 주축으로 연결이 됩니다. TCR 이 중국에 렌윈강이라는 곳에서 시작해서 시안, 란저우, 우루무치를 지나서 나중에 시베리아 횡단열차와 연결이 됩니다. 그럼 여기와 연결된 지역은 개발될 것이고 그런 지역과 그 주변 국가들이 발전하겠죠.

또한 일대일로에 참여한 대부분 국가는 자원이 굉장히 풍부합니다. 중앙아시아나 동남아시아는 천연자원, 동남아시아는 특히 인적자원이 풍부하죠. 이런 것을 한국이 받아서 채우고, 또 반대로 그쪽에 부족한 것을 채워줄 수 있습니다. 한국은 각종 기술이나 노하우를 전수할 수 있겠죠. 만약에 이 거대한 프로젝트가 완성이 되면 유라시아를 잇는 거대한 시장이 형성될 것이기 때문에 우리에게도 좋은 기회들이 있을 것입니다.

일대일로는 네트워킹입니다. 일대일로를 통해서 주변 국가가 개발되면서 나라와 나라, 지역과 지역, 사람과 사람, 물건과 물건, 비즈니스와 비즈니스가 연결됩니다. 예전에는 평생 한번도 만나기 힘들었던 유럽 사람과 아시아 사람이 비즈니스를 하게 됩니다.

물론 일대일로에 문제점도 많습니다. 많은 나라들이 어려움을 겪기도 합니다. 어려운 나라들을 중심으로 해서 인프라를 깔아주고 부채를 상환할 수 있도록 하고 있는데, 수많은 항만과 도로를 만들다 보니 경제적으

183

로 상환할 수 없는 정도까지 되는 나라들도 생기고 있죠. 파키스탄, 미얀마, 말레이시아, 몰디브, 스리랑카 이런 나라들이 있습니다.

이런 문제점들은 나올 수 있습니다. 그러나 시간이 조금 늦어질 수 있어도 천천히 잘 진행할 수 있을 겁니다. 중국은 시간이 많습니다. 당이 하나인 국가이기 때문에 지금 당장 잘되지 않아도 장기적으로 밀고 나갈 수 있는 힘이 있습니다. 그러니 이런 흐름에 맞춰서 미래를 대비해야 합니다. 일대일로를 통해서 연결된 시장이 무엇인지 잘 찾아보고 한국인으로서 가질 수 있는 기회를 찾아보아야겠죠.

중국에 인구가 많고, 세계에 다양한 사람이 있어도 결국 그 사람들이 못하는 영역이 있기 마련입니다. 한국 사람만이 가능한 부분이 있죠. 그런 시장을 찾는 것이 중요합니다. 특히 동남아시아는 한류도 많이 전파되어 있고, 발전에 대한 열망도 있기 때문에 우리가 한국인으로서 갖고 있는 특장점을 가지고 나아가면 좋은 결과가 있을 것입니다.

2 | 메콩강 벨트 인사이트
: 미얀마, 라오스, 태국, 캄보디아, 베트남

메콩강

이제 메콩강 벨트 5개 나라에 대해서 이야기를 해보겠습니다. 메콩강 벨트는 무엇일까요? 메콩은 '모든 강의 어머니'라는 뜻을 가지고 있습니다. 중국의 티벳 고원에서 시작해서 미얀마와 라오스, 태국, 캄보디아, 베트남을 거쳐서 남중국해로 흐릅니다. 길이가 4,000km가 넘는데 한강의 8배 크기라고 합니다. 2019년 11월, 한·메콩 정상회담에서는 '한강의 기적을 메콩강에서도 이루자.'라는 말이 나왔습니다.

한강

대한민국은 현재 20여 개국 및 아세안(ASEAN)과 전략적 동반자 관계를 맺고 있습니다. 2020년 12월 13일, 제2차 한-메콩 정상간 영상회의에서 베트남, 라오스, 미얀마, 태국, 캄보디아 정상과 문 대통령은 '공동 성명'을 채택했습니다. 한-메콩 관계의 전략적 동반자 관계 격상, 우리 정

부의 신남방정책 및 신남방정책 플러스 전략 지지–환영, 코로나19 대응 협력 및 한국의 지원 평가 등을 골자로 합니다. 2021년은 한–메콩 협력이 시작된 지 10년이 되는 해입니다.

메콩강 쪽에는 9개 경제회랑이 진행되고 있습니다. 그중 3개의 경제회랑이 굉장히 중요합니다. 남북 경제회랑은 쿤밍에서 방콕까지 가는 경제회랑, 방콕에서 캄보디아로 연결된 남부 경제회랑, 미얀마에서 시작해서 베트남까지 가는 동서 경제회랑입니다. 이 핵심적인 3개 경제회랑을 이끄는 주요 국가가 중국과 일본입니다. 일본은 메콩강에 일찍 투자를 시작했습니다. 1990년에 시작했는데 주로 인프라 투자를 많이 하죠. 태국

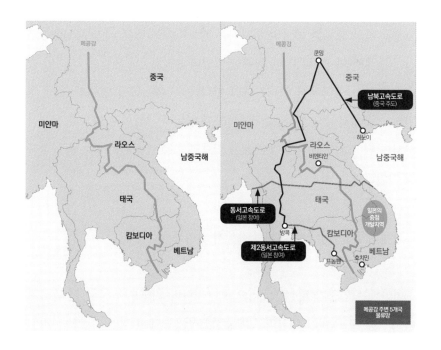

03 아세안 10개국의 노마시안 라이프 전격 해부

에 있던 일본 도요타 통상이 캄보디아 포이펫에 생산기지를 만들었습니다. 포이펫은 미얀마에서 호치민으로 가는 길의 중간자이자 중추적인 역할을 합니다. 또 일본의 미네베아도 프놈펜에 경제특구를 만들어 공장을 설립해서 2만 명을 고용했습니다. 프놈펜에는 일본과 프놈펜의 우정의 다리라는 것이 있을 정도죠.

중국은 제일 먼저 아세안 국가에 손을 내밀었던 국가입니다. 중국은 메콩강을 통해서 남중국해로 갈 수 있기 그것 때문에 굉장히 중요한 공략 대상이 되기도 합니다. 중국은 1990년부터 GMS(Greater Mekong Subregion, 메콩경제권)의 회원국이기도 합니다.

지금 가장 중요한 중국의 투자지는 캄보디아에 있는 시아누크빌 항구입니다. 항구와 경제특구에 입주한 기업이 110개 정도 되는데 그 기업 중에서 90%가 중국에서 건너갔다고 합니다. 시아누크빌 인구가 25만 명인데 그중에서 수만 명이 중국인이라고 합니다. 제2의 마카오라고 생각하시면 됩니다. 시아누크빌도 해상 실크로드 중에 굉장히 중요한 역할을 할 것입니다.

이제 메콩강 5개국에 대해서 자세히 알아보겠습니다.

미얀마는 인구가 5,440만 명으로 우리나라 인구보다 조금 더 많습니다. 1인당 GDP는 1,245달러로 메콩강 5개국 중에서 제일 가난한 나라입니다. 지금 해외 기업 투자 유치에 법인세 등을 면제하면서 혜택이 많아졌고, 특히 중국 일대일로 정책하고 맞물려서 양곤과 만달레이 쪽으로 투자가 활발하게 이루어지고 있습니다.

미얀마

원래 양곤에 있던 수도를 네피도로 이전을 하게 되었는데 양곤을 경제 도시로, 네피도를 행정도시로 역할을 분리한다고 합니다. 경제개방을 가장 뒤늦게 한 개발도상국으로 경제 발전 단계가 낮아 원조 형태의 교역이 많으나 개발 의지가 높은 나라입니다. 그러나 전체 인구 중 15세 이상 인구가 60%, 30세 미만의 인구는 50%로 노동력이 풍부하며 임금이 낮아 기업 진출이 활발합니다. 원래는 군사독재가 심각했던 나라였습니다.

민주화항쟁 끝에 아웅산 수치 여사가 결국 권력을 얻어 문민정부가 출범하게 되면서 지금은 개혁정책을 펼치고 있습니다. 이런 정치적 리스크가 있기는 하지만 점점 개혁개방이 되고 있으므로 관심을 가져볼 만합니다. 외국인으로서 가질 수 있는 기회들을 생각해보면 좋을 것 같습니다.

라오스

라오스는 인구가 727만 명 정도로 적고 1인당 GDP는 2,670달러 정도입니다. 내륙에 있는 나라이기 때문에 무역에 의존하고 있습니다. 70% 정도는 태국, 20% 정도는 중국과 무역을 합니다. 메콩강 5개국과 국경이 맞닿아 있는 내륙국입니다. 국제 무역항이 없어 주변국과의 관계를 중요하게 생각합니다. 메콩강을 통한 내륙수로 운송과 국경 무역이 활발하며, 특히 태국과 국경이 넓게 맞닿아 있어 두 나라 간 교류가 활발합니다.

대한민국은 수력발전이나 댐 건설 등의 메콩강 개발 사업에 적극적으로 진출하고 있습니다. 외국인에게 늦게 개방해서 다양한 기회가 있습니다. 다만 시스템이 아직 갖춰지지 않았기 때문에 감안을 하셔야 합니다. 메콩강이 흐르는 지역 중에 국가의 수도가 두 군데 있는데, 라오스의 비엔티안과 캄보디아의 프놈펜입니다. 아주 아름답습니다. 제가 12개 나라에 12개 학교를 세워야 되겠다고 꿈을 꿨던 도시가 바로 라오스의 비엔티안입니다. 그래서 굉장히 관심 있게 보고 있는 나라 중 하나입니다. 우리나라 선교사들도 많이 가 있습니다.

라오스도 옛날에는 왕이 있었는데 1975년에 없어지고 사회주의 국가가 되었습니다. 라오스 인민민주주의 공화국. 주석이 있고, 총리가 있고 국회의장이 있어서 권력이 분산되어 있는 편입니다. 주석은 전체 인원의 3분의 2 동의로 선출됩니다.

태국은 인구가 7,000만 명 정도, 1인당 GDP가 7,800달러 정도입니다. 수도는 방콕입니다. 우리나라와 분위기가 맞는 데가 많습니다. 동남아에서 제일 중요한 위치에 있기도 합니다. 일본이 제일 먼저 투자를 한 곳이기도 하죠. 태국은 메콩강 5개국 중 가장 빠르게 성장했으며, 태국의 수도인 방콕은 메콩강 5개국의 경제 중심지입니다. 아세안이 설립될 때부터 회원국으로 있었고 2019년 아세안 의장국 역할을 맡은 만큼 영향력이 가장 큽니다. 과거 신흥공업국으로 명성을 떨쳤고 현재는 정보통신기술 (ICT)을 기반으로 미래산업에 적극 투자하고 있습니다.

캄보디아는 인구가 1,700만 명 정도 되고 1인당 GDP는 1,620달러입니다. 수도는 프놈펜이고 경제도시이자 행정도시이기도 합니다. 생각보다 굉장히 안정적인 나라입니다. 다른 나라에 비해서 캄보디아는 외국인에 대한 개방 정책이 많습니다. 입헌군주제로, 훈센 총리가 독재 정치를 하고 있지만 기본적으로는 안정적입니다. 동남아시아 국가 중 중국의 진출이 가장 많은 나라입니다. 시아누크빌항에서 이뤄진 해상무역 때문에 중국의 관심이 큽니다.

캄보디아의 정식 명칭은 캄보디아 왕국입니다. 입헌군주제이며, 전국민의 95%가 불교를 믿는 불교국가이기도 합니다. 관광산업이 꾸준히 성장하고 있습니다. 앙코르와트 사원이 유명한데, 국기에도 그려져 있을 정도입니다. 주된 산업은 농업, 임업, 어업입니다. 대한민국은 봉제 기업 진출이 가장 많으며, 금융업과 건설업도 많이 진출했습니다.

메콩강 5개국 중 미얀마, 라오스와 함께 아직 개도국을 벗어나지 못한 국가로 꼽히며, 개도국에서 벗어나기 위해 적극적인 개방정책을 펴고 있습니다. 일본, 호주, 중국, 인도 등과 함께 FTA를 체결하고 있습니다. 한–캄보디아 FTA 공동연구 개시로 인해 한–아세안 FTA보다 높은 수준의 자유무역협정이 체결될 것으로 기대됩니다. 사유 재산이 허용되며, 땅을 제외하고 합법적으로 아파트는 다 구매가 가능합니다. 캄보디아는 달러로도 구매가 가능하고 자산을 보유할 때 달러 자산들로 계산이 됩니다. 캄보디아는 메콩강 5개 벨트 중에서 가장 가치가 있는 곳입니다.

베트남

베트남은 포스트 중국이라고 합니다. 사회주의 국가죠. 인구가 9,700만 명입니다. 1인당 GDP는 2,740달러입니다. 수도인 하노이보다는 호치민이 더 유명한데 호치민은 경제도시입니다. 1975년에 공산화 통일 후 경기침체를 길게 겪었고, 1980년대 후반부터 적극적인 경제 개방 정책을 통해 성장하기 시작했습니다. 1995년 아세안, 1998년 APEC, 2007년

WTO에 가입하여 투자 유망국으로 주목받기 시작했습니다.

메콩강 5개국 중 대한민국과의 교역의존도가 가장 높습니다. 인적 교류는 물론 문화 교류도 매우 활발합니다. 대기업 대부분이 베트남에 공장을 가지고 있을 정도입니다. 2015년 한-베트남 FTA로 중국과 미국을 이어 우리나라 3대 수출국이 되었습니다. 베트남의 정식 명칭은 베트남 사회주의 공화국입니다. 시장경제체제를 도입했습니다. 인도네시아와 필리핀에 이어 아세안에서 세 번째로 인구가 많습니다. 과거에는 태국이 인근 국가들의 경제협력을 주도했으나, 현재는 베트남이 영향력을 확대하고 있습니다.

경제성장이 굉장히 잘 이루어지고 있으나 리스크가 몇 가지 있습니다.

첫째, 호치민하고 하노이가 약간 달라요. 베트남에서는 외국인에 대한 등기권리증을 핑크북이라고 얘기하는데, 하노이는 핑크북이 나옵니다. 호치민은 핑크북이 아직 나오지 않습니다. 언젠가는 될 테니 꼭 합법적으로 되는 시기에 구매를 하셨으면 좋겠습니다. 하노이와 호치민 집값 차이가 많이 나니까 국가에서 조절을 하고 있지 않나 싶기도 합니다. 한편, 외국인에 대한 의존도가 너무 높습니다. 외국인에 대한 집값이 너무 높게 형성이 되고, 또 코로나 직격탄을 맞아서 외국인들이 못 들어가니 임대료나 이런 것들이 떨어지면서 집값에도 영향을 주고 있습니다.

둘째, 베트남은 공급이 수요보다 많습니다. 어느 정도 개발이 되어서 사람이 채워지는 데까지는 시간이 좀 걸릴 것이라고 예측합니다. 중국처럼 후다닥 해서 금방 투자 열풍이 불기 쉽지 않습니다. 아파트를 짓다가 중간에 멈추는 경우도 왕왕 있습니다. 주의해서 보셨으면 좋겠습니다.

셋째, 스타트점이 너무 비쌉니다. 2000년 중국에서 외국인이 구매 가능했던 비용과 비교하면 무려 5배 정도 차이가 납니다. 분양을 한다고 해서 다 좋은 게 아니니 좋은 상품들을 찾으시면 좋겠습니다. 일본이 태국을 중심으로 전략을 펼치고 있다면, 우리나라는 이미 베트남에 7,000개 한국 기업이 들어가 있으니 베트남을 중심으로 투자를 해야겠습니다.

한국과 메콩강 국가들은 공통점이 있습니다. 식민 지배를 받았다는 점, 냉전 시대에 강대국 틈바구니에서 생존했다는 점입니다. 그래서 우리나라가 가지고 있는 기술, 성장 노하우를 많이 전달해야 합니다.

미래 가치를 보고 중장기 투자를 원하신다면 성장잠재력이 많은 메콩강 5개국에 투자하시면 좋습니다. 저는 높은 투자 수익률을 경험했습니다. 또 하나의 포인트는 센터에 투자를 하셔야 한다는 겁니다. 왜냐하면 개발도상국들은 발전이 되는 속도가 많이 늦습니다. 초창기에는 센터부터 발전을 하니, 신도시나 외곽 쪽으로는 부동산이 안정이 됐을 때 투자하시면 됩니다.

3 | 아세안
10개국을 아십니까?

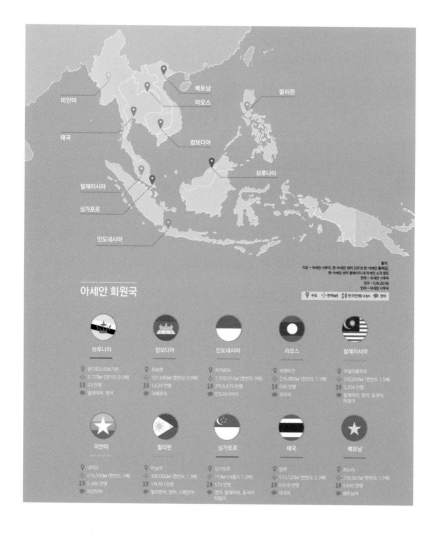

197

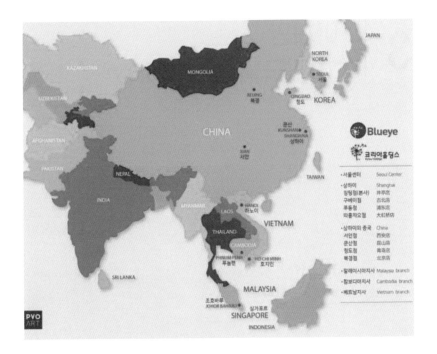

한국 사람들은 동남아시아의 국가를 얘기할 때 '동남아'라고 얘기합니다. 그리고 뭔가 낮게 보면서 발달이 덜 되어 있는 이미지를 떠올립니다. 그러나 실제로 동남아시아 10개 나라를 보면 격차가 굉장히 큽니다. 싱가포르처럼 GDP가 대한민국보다 훨씬 높은 나라도 있습니다. 사람들의 의식 수준이나 시스템 등을 봐도 선진국이라는 느낌이 들 때도 있습니다.

고정관념을 깨십시오. '동남아'라고 뭉뚱그리지 말고 각 나라를 봐야 합니다. 언어도, 종교도, 정치 체계도, 발전 정도도 다릅니다. 그 안에 각각 다른 기회들이 있습니다.

동남아시아를 구성하는 아세안 10개국이 있습니다. 앞에서 알아본 메콩강 벨트 5개국도 포함되어 있습니다. 이 장에서는 나머지 5개 나라를 소개드리겠습니다.

싱가포르

싱가포르는 제가 동남아시아에서 가장 배우고 싶은 나라입니다. 동남아에서 경제 강국입니다. 인구는 5,800만 명 정도, 1인당 GDP는 6만 5천 달러 정도로 세계 8위입니다. 정치 체제는 공화제입니다. 현재 리센룽 총리가 맡고 있고, 대통령은 있지만 권한은 총리가 더 많이 가지고 있습니다.

싱가포르의 정식 명칭은 싱가포르 공화국입니다. 총 63개 섬으로 이루어진 섬 나라인데 국토는 서울보다 약간 큽니다. 싱가포르는 말레이시아에서 화교들을 중심으로 독립한 나라입니다. 인구의 4분의 3이 중국계이고 나머지는 말레이, 인도계입니다. 인종차별 안 받고 살 수 있는 좋은 나라이기도 합니다.

경제 수준, 문화 수준이 높아서 살기 굉장히 좋습니다. 싱가포르는 인재들을 키우기 위한 국가 시스템을 가지고 있습니다. 각 분야의 원로 같은, 존경받는 사람들이 100명 정도 있는데, 인재들을 발굴하면 1:1로 인터뷰를 한다고 합니다.

그렇게 해서 인재들을 배양하고 국가를 위한 애국심을 키웁니다. 특히 외국인들에게 개방해서 시민권을 줄 수 있는 제도들이 더 많이 생겼습니다.

대한민국과의 교역량은 아세안 국가 중 2위입니다. 한-아세안 FTA 의장국이며, 아세안 10개국의 주요한 오피니언 리더입니다.

4차 산업혁명 주도 국가이며 전 세계 역사에서 가장 빠른, 초고속 성장을 한 나라로 유명합니다. 대외무역의 절반 이상이 중개무역이며 주로 전자제품이나 반도체 무역에 의존합니다. 일부 품목을 제외하면 관세가 없습니다.

　말레이시아는 인구가 3,200만 명 정도, GDP는 1만 1천 달러로 중국보다 높습니다. 살기 좋은 나라라는 이미지가 높습니다. 물가는 싱가포르에 비해서 3분의 1 정도이고 자연환경도 좋으며 특히 교육과 의료 수준이 높습니다. 말레이시아는 아세안 국가 중 가장 안정적인 경제 성장을 이룩한 나라입니다. 독립 이후 거의 50여 년간 연 6%대의 경제성장률을 보였죠. 1997년 외환위기도 잘 극복했습니다. 동남아 국가 중에서 자원이 가장 많다고 합니다. 아세안 국가 중에서는 세 번째로 부유한 국가입니다. 천연자원 수출이 주요하며, 현재 전기전자 제품이 최대 수출 물품입니다.

　현재 수도는 쿠알라룸푸르이고 행정수도는 푸트라자야로 되어 있습니다. 우리에게 친근한 도시로는 페낭과 조호바루가 있죠. 페낭은 선교사들이 많이 가고 흔히 여행을 많이 가는 지역이고, 조호바루는 싱가포르 접경 지역에 있기 때문에 많은 분들이 은퇴 이민, 여행으로 많이 가고 있습니다.

말레이시아는 천천히 외국 자본들을 유치 중입니다. 영국령에 따라서 합법적으로 집을 구매할 수 있고, 집을 구매할 때 변호사도 동행해서 계약서를 씁니다. MM2H비자를 만들면 합법적으로 반드시 집을 구매하실 수 있습니다. 싱가포르하고 고속철도를 연결하고 있기 때문에 앞으로 두 나라 사이의 갭이 점점 줄어들 것입니다.

인도네시아

인도네시아는 약 18,000개의 섬으로 이루어진 나라입니다. 동남아시아 지도에서 동남아 지역의 섬을 말레이제도라고 합니다. 인도네시아는 이 많은 섬들 중 필리핀을 제외한 대부분의 섬을 차지한 나라로 이름 자체가 '인도양의 섬(Nesia)'라는 뜻을 가지고 있습니다.

인구가 2억 7천 명으로 세계 인구 순위 4위입니다. 실제 GDP 규모는 훨씬 더 큰데 1인당 GDP는 4,164달러 정도로 조금 적습니다. 국토의 73%가 산림지역으로, 전체 수출액의 15%를 목재류가 차지하고 있습니다. 전 대통령이 부패와 무능력으로 탄핵된 후 현 대통령 조코 위도가 당선되었습니다.

인도네시아의 정식 명칭은 인도네시아 공화국입니다. 인니(印尼)라고 부르기도 합니다. 전체 인구의 88%가 무슬림인 세계 최대 이슬람 국가입니다.

수도가 원래 자카르타인데 2024년에 칼리만탄이라는 지역으로 이전을 한다고 합니다. 아무래도 수도 이전으로 인해 공업화와 기술화가 될 것이라고 예상합니다. 맥북이나 아이폰 공장이 인도네시아로 갔습니다. 수도권이 되는 지역은 도시화가 이루어지기 때문에 부동산에도 영향이 있을 것 같습니다. 또한 점점 외국인 투자에 대해서 개방하고 있습니다. 다만 염두에 두셔야 할 점은, 인도네시아는 이슬람 국가이기 때문에 중국과의 연결에 약간의 어려움이 있다는 것입니다.

필리핀은 1인당 GDP가 3,294달러이고 인구는 1억 명 조금 넘습니다. 수도가 마닐라입니다. 치안이 안 좋기로 유명합니다. 외국인들이 투자할 때 치안 때문에 가장 우려를 한다고 해요. 원래 필리핀은 친미 국가였는데, 최근에는 친중 노선을 취하고 있습니다. 화교가 경제권을 쥐고 있는 나라이기도 합니다. 지금은 한국과의 관계가 좋습니다만 유심히 봐야 하는 나라 중에 하나입니다. 필리핀의 정식 명칭은 필리핀 공화국입니다.

필리핀은 다양한 민족으로 구성되어 있기 때문에 여러 전통문화가 있고, 스페인과 미국에 의한 식민통치 경험으로 서양의 문화도 있습니다. 주변에 다른 국가들이 이슬람교나 불교를 믿는 데 비해 필리핀은 기독교가 우세하며, 전 국민의 70% 이상이 영어를 씁니다.

대한민국은 필리핀에 반도체, 석유제품, 자동차 등을 주로 수출합니다. 수입품으로는 반도체, 곡물과 과실, 산업용 전자기기 등이 있습니다. 필리핀 입장에서 대한민국은 수출 9위, 수입 2위의 중요한 교역국이죠.

브루나이

브루나이는 굉장히 작은 나라입니다. 인구가 43만 명, 국토는 경기도의 절반 정도입니다. 우리가 잘 아는 코타키나발루 바로 옆에 있습니다. 영국의 식민 통치에서 늦게 독립을 하면서 나중에 아세안으로 연합을 하게 되었습니다.

브루나이의 정식 명칭은 '브루나이 다루살람'입니다. 이슬람 국가이며 군주제를 선택한 술탄국입니다. 브루나이 국민들은 세금을 내지 않으며 국가로부터 많은 돈을 지원받습니다. 지하자원이 많으며 산유국이기 때문에 부유한 국가입니다.

브루나이 달러랑 싱가포르 달러랑 1:1입니다. 1인당 GDP가 27,871달러로 세계에서 4위입니다. 원유와 천연가스 수출이 전체 GDP의 50% 이상을 차지하고 있습니다.

전 세계에서 연봉이 가장 높은 축구 선수는 메시이지만, 돈이 가장 많은 축구선수는 브루나이에 있다고 합니다. 왕의 조카인데, 물려받은 게 워낙 많아서 그렇다고 하네요.

브루나이는 무슬림만 국적을 취득할 수 있습니다. 무슬림이 아닌 나머지 사람들은 떠돌이 생활을 하고 있다고 보시면 됩니다. 무슬림이 너무 강하기 때문에 기독교 탄압도 심합니다. 국제인권위원회에서 발칵 뒤집혔죠. 간통, 동성애를 하면 죽을 때까지 돌로 때리고, 절도범의 경우 초범은 손목을, 재범은 발목을 자른다고 합니다.

한-메콩 무역 규모는 2018년 기준 2011년 대비 2.4배 증가하여 845억 달러를 돌파했습니다. 같은 기간 인적 교류는 2.8배 증가한 700만 명에 육박합니다. 메콩 지역의 발전은 지역간 개발 격차를 줄이는 것도 과제이기 때문에, 미얀마, 라오스, 캄보디아 등 개도국을 대상으로 적극적인 투자가 이어질 것입니다.

대한민국은 동남아시아 국가에 대하여 '신남방정책'을 추진 중에 있습니다. 신남방정책은 상대 국가의 성장을 대한민국 경제성장의 동력으로 삼습니다. 그래서 한-메콩 협력은 신남방 정책의 중요한 과제 중 하나죠. 성장에 가속도가 붙은 베트남과 태국에는 첨단산업 분야의 교류 확대, 개도국에는 인프자 투자로 협력을 강화해나간다고 합니다.

아세안이란?

아세안(ASEAN)은 동남아시아국가연합(Association of South-East Asian Nations)을 뜻합니다. 동남아시아 국가들을 하나로 묶어 독립적인 경제 공동체를 만들기 위해서 진행되었습니다. 1967년 8월 8일, 처음에는 인도네시아, 태국, 말레이시아, 싱가포르, 필리핀 이렇게 5개 나라로 시작했습니다. 1984년 브루나이가 영국에서 독립하여 가입했고, 1995년에 베트남, 1997년에 라오스와 미얀마, 1999년에 마지막으로 캄보디아가 가입했습니다. 현재 회원국은 10개입니다. 이 10개 국가를 '아세안 10개국'이라고 합니다.

아세안의 경제 규모는 굉장히 큽니다. 아세안의 인구가 6억 5천만 명입니다. 세계 인구로 따지면 1위가 중국이고 2위가 인도, 3위가 아세안입니다. 경제 규모는 전체 GDP가 약 3조 달러 정도로 세계 7위죠. 특히 메콩강 5개국(미얀마, 라오스, 태국, 캄보디아, 베트남) 같은 경우는 다른 아세안 국가들과 차이가 심하게 날 정도로 발전한 상태입니다.

이 갭을 줄이는 것이 가장 관건입니다. 아세안 국가들은 연평균 5% 이상의 경제 성장률을 보이고 있고, 중산층의 인구가 10년 사이에 2배 이상 증가했습니다. 또한 인구의 60% 이상이 35세 이상의 젊은이들로 미래가치가 있습니다. 내수시장도 확대되고 있죠.

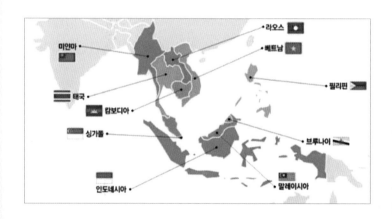

아세안 10개국의 정치 이슈

미얀마는 군부독재가 무너지고 아웅산 수치 여사가 전체 의석의 80% 이상을 차지해서 권력자에 올랐습니다. 그런데 군사정부가 반발했지만 국민의 여론이 워낙 수치 여사 쪽으로 몰려 있어 어떻게 할 수 없이 결국 물러났습니다. 그런데 왜 직접 대통령을 하지 않을까요? 군부독재자들이 외국인 배우자가 있는 사람은 대통령에 못 오르게 하는 법안을 만들어놓았습니다. 아웅산 수치의 남편은 영국인입니다. 이 법을 바꾸려면 전체 의석의 3분의 2 이상 동의를 해야 힙니다. 그런데 군부독재자들이 물러나기 전에 전체 의석 중 25%는 무조건 자기 사람들을 뽑도록 해놓았습니다. 3분의 1 이상이 군부독재 쪽 사람이니 이 법을 절대 바꿀 수 없어요. 그래서 아웅산 수치 여사는 지금 헌법상 대통령이 될 수 없습니다. 하지만 실질적인 국가의 지도자 역할은 아웅산 수치 여사가 하고 있는 상황입니다.

태국에는 정치적인 리스크가 있습니다. 1932년부터 2014년까지 13번의 쿠데타가 있었습니다. 지금 총리도 쿠데타를 통해 올라갔습니다. 최근에 민주화 시위가 많이 일어나고 있습니다. 예전 우리나라 군부독재 시절의 것을 그대로 가지고 있는 편입니다. 왕은 상징적으로 존재하지만, 군사정권이 하는 일을 눈감아주고 왕의 지위를 유지하는 일들이 많다고도 합니다. 그동안 왕은 절대로 비판하면 안 되는 신성한 존재였는데, 요즘 시위대들의 피켓을 보면 '우리에게 왕이 왜 필요한가?'라는 문구도 있다고 하네요.

캄보디아 왕궁

캄보디아는 입헌군주제 국가인데 현재 훈센 총리가 독재처럼 하고 있습니다. 어떻게 가능할까요? 선거를 통해서 다수의 당이 생기면, 그 당에서 가장 우두머리가 총리가 됩니다. 훈센 총리는 야당을 모함해서 정치적으로 사망 선고를 내려버렸습니다. 쿠데타 혐의를 뒤집어씌워서 추방시켜 야당을 없앴습니다. 전체 석을 특정 당에서 휩쓸어버리는 일도 있다고 합니다. 그 당의 우두머리가 훈센 총리니까 건강상 이상이 없는 한 아무래도 계속 총리를 할 것 같습니다. 그래도 캄보디아가 코로나 등 여러 사태에서 잘 버틸 수 있는 것은 훈센 총리의 리더십 덕분이라는 것이 인정된다고 합니다.

베트남은 중국과 같은 사회주의 국가이기 때문에 공산당밖에 없습니다. 중국과 다른 점은 중국은 시진핑 주석이 모든 권력을 독점하고 있지만 베트남은 권력이 분산되어 있는 것입니다. 공산당 서기장이 권력 1위고, 주석, 총리 그리고 국회의장이 권력을 나눠 갖고 있는데, 2018년에 쩐 다이 꽝 국가주석이 사망했습니다. 이후 원래 당서기장였던 응웬 푸 쫑이 주석을 겸하게 되어 베트남의 권력을 많은 부분 독점하고 있습니다.

말레이시아는 여러 명의 술탄 중 5년마다 왕을 선출합니다만 상징적인 것이고, 권한은 총리가 가지고 있습니다. 최근에 총리가 최근 3년 동안 2번 바뀌었는데, 그러면서 중국과의 관계도 달라져 중국의 일대일로 공정들이 1~2년 딜레이되는 일이 있었습니다. 최근에는 정치적으로 재정비가 되면서 안정감을 찾아가고 있습니다.

필리핀은 대통령이 유명하죠. 두테르테 대통령은 범죄와의 전쟁을 선포하고, 모든 범죄자를 사형시키겠다는 발언까지 서슴지 않을 정도로 강력한 개혁 정책을 가지고 있습니다. 하지만 필리핀은 예전부터 소수 엘리트 중심으로 이루어져왔습니다. 특정 가문들이 계속 정치가를 배양했는데, 두테르테 대통령은 그런 가문 출신이 아니라고 합니다.

브루나이는 동남아 유일의 전제군주 국가라고 합니다. 현재 왕이 몇십 년째 절대권력을 행사하고 있습니다. 전 세계에서 가장 돈이 많은 국왕입니다. TV에서 보셨을 수도 있지만, 국왕의 취미가 비행기나 슈퍼카 모으기일 정도입니다.

4 아시아 5개 도시 배틀 1
: 도시 라이프

호치민은 가면 갈수록 참 살고 싶은 나라입니다. 프랑스 식민지였기 때문에 유럽과 비슷한 분위기가 나기도 합니다. 집값이 비싸다는 것 빼고는 아주 살기 좋은 도시입니다.

호치민이 살기 좋은 이유 3가지가 있습니다.

첫째, 일단 한국 교민이 많습니다. 한국 사람들이 즐길 수 있는 편의 시설, 식품들, 음식점, 미용실 등이 많습니다.

둘째, 물가가 저렴합니다. 직접 요리를 해먹으면 한 끼에 한 명당 2,500원 정도 듭니다. 외식을 하면 한국음식점의 경우 한국 물가랑 비슷하거나 조금 더 비싸고, 로컬음식점은 메인 음식이랑 사이드 음식을 시켜서 둘이 12,000~13,000원에 먹을 수 있습니다.

교통 수단은 택시비가 좀 비싼 편이에요. 호치민은 그랩(공유택시)이 등장하기 전에 약 2~3개의 택시 업체들이 거의 독점을 했던 걸로 알고 있습니다. 기본요금 자체가 40% 정도 더 비쌉니다. 그래도 둘이서 생활비가 100~200만 원 정도. 평균 200만 원이면 풍성하게 살 수 있습니다.

셋째, 기후입니다. 호치민은 사실은 캄보디아 프놈펜과 200km밖에 안 떨어져 있기 때문에 거의 비슷한 기후입니다. 1년 평균 기온이 28도 정도. 굉장히 많이 더울 것이라고 생각들 하시는데 밤에는 추울 때도 많이 있습니다.

그래서 같은 베트남이라도 기후적으로는 하노이보다 호치민의 선호도가 좀 높긴 합니다. 그런데 사실 습도는 좀 높습니다.

공기 오염지수로 보면 오염이 많이 된 것은 사실이에요. 왜냐하면 정부에서도 제조업을 기반으로 발전시키고 공사도 많이 하고 있기 때문입니다. 그러나 살면서 느끼는 불편함은 크게 없습니다.

베트남 하노이 (양소연)

베트남은 지형이 길어서 하노이와 호치민은 기온 차이가 좀 많이 납니다.

하노이는 북쪽에 있고 나머지 호치민이나 캄보디아, 말레이시아는 아래쪽에 있습니다.

하노이는 4계절이 있다고 하지만 한국보다 전반적으로 온도가 높습니다. 봄가을이 짧고, 겨울 온도는 10~18도 정도로 한국보다 높은 편이지만 난방 시설이 전혀 되어 있지 않기 때문에 으스스하지요. 만약에 기온이 15도이면 오토바이 운전자의 체감온도는 10도 이하라 두꺼운 파카를 많이 입습니다. 그리고 습합니다. 여름철도 습하고 겨울은 더 습합니다. 그래서 한국인들은 대부분 가정에 제습기를 두고 사십니다. 상하이랑 정말 비슷한 것 같습니다.

호치민하고 비교해보면 하노이는 물가는 전반적으로 조금 더 비싼 편입니다. 하지만 임대료는 하노이가 조금 더 싸고, 택시비도 더 쌉니다. 하노이는 아주 빠른 시간 내에 경쟁적으로 택시 요금이 쭉 떨어지는 시기가 있었고 떨어진 요금을 몇 년 동안 유지를 하고 있거든요. 지금은 그랩이 많이 점유하고 로컬 그랩들도 시장 점유율을 높여서 기존의 이미 낮아진 택시비를 조금 더 낮췄죠. 50~80% 수준으로.

하노이의 장점 3가지를 꼽아보겠습니다.

첫째, 하노이는 어쩔 수 없이 기회의 도시입니다. 발전하는 것이 너무 눈에 띕니다. 한국은 이미 경쟁이 극에 치달아서 '내가 과연 여기서 무엇을 할 수 있을까?' 하고 앞이 보이지 않았던 분들도 하노이에 오셔서는 '이걸 시작해볼까? 저걸 시작해볼까?' 하고 시도를 해볼 수 있는 여지가 많이 있습니다.

둘째, 한국과의 거리가 굉장히 가까워졌습니다. 하루에 왕복하는 비행기 수도 늘었고 모든 이동수단들이 저렴하고 편해졌죠. 빠르면 6시간 내로 인천공항에 도착할 수 있습니다.

셋째, 베트남 사람의 한국에 대한 인식입니다. 하노이에서는 아무것도 없어도 한국인이라는 이유만으로 왠지 모르게 좋게 봐주는 시선들이 있습니다. 아무래도 한류의 영향이 제일 큰 것 같고, 삼성 등 대기업부터 시작해서 중소기업까지 아주 많은 한국 기업들이 나가 베트남 경제에 큰 이바지를 하고 있어서 가능한 일입니다. 박항서 감독님도 주역이시죠.

저는 이렇게 하노이를 굉장히 사랑합니다만 사실 공기 오염도는 사랑할 수가 없습니다. 하노이 인구가 800만쯤 되는데요. 인구의 70%가 오토바이를 타고 다닙니다. 오토바이 숫자는 600만에 달하죠.

전 세계에서 공기 오염이 두 번째로 높은 도시로 꼽힙니다. 20년 전에 베이징이나 상하이도 공기오염이 심했는데 최근에는 청정한 하늘을 볼 수 있으니, 아마 하노이도 점점 발달해나가면 좋아질 것입니다.

베트남에 관심 있으신 분들은 하노이 쪽으로 가시면 조금 더 저렴하게 투자도 해볼 수 있으실 겁니다. 더군다나 수도라서 앞으로도 더 발전 가능성이 있습니다.

말레이시아에서 몇 달 살아보는 것은 정말 훌륭한 경험이 됩니다. 우리나라 기준으로 보면 땅은 3배 정도 넓은데 인구는 3,500만 명밖에 안 되기 때문에 굉장히 쾌적합니다.

말레이시아가 좋은 이유 3가지를 이야기해보겠습니다.

첫째, 자연 환경입니다. 조호바루에 사시는 분들은 4계를 느끼고 사는데, 실제적으로는 크게 못 느낍니다. 평균 21도에서 33도까지 연중 고온 다습한 지역이고 강수량의 변화가 거의 없기 때문입니다. 그러나 아침저녁으로는 굉장히 선선해서 긴팔 옷을 입지만 한낮에 2~3시간 정도 더운, 아열대 지방의 특성도 가지고 있습니다. 태국과 접경 지역인 고산 지대로 올라가면 한여름에 파카도 입습니다.

AQI(대기질지수)는 동남아시아에서 말레이시아가 가장 좋습니다. 재미있는 일화가 있는데, 지인이 말레이시아에 오면서 공기청정기를 가지고 왔는데 창문을 열고 틀어도 지수가 9이고 창문을 닫고 틀어도 9였다고 합니다.

말레이시아는 자연재해로부터 안전합니다. 환태평양 불의 고리인 인도네시아 · 대만 · 일본 · 남미 · 북미로 이어지는 곳이지만, 밑으로 지진을 인도네시아에서 다 커버해주고, 태풍은 바로 위 필리핀과 태국으로 올라가기 때문에 실질적으로 말레이시아는 자연재해가 전혀 없다고 보시면 됩니다.

둘째, 저렴한 물가입니다. 평균적으로 50~60만 원에 방 3개짜리 훌륭한 집에서 살 수 있습니다. 수도세, 전기세 다 합한 것이 한 달에 만 원이 안 넘습니다. 2인 기준 200만 원 정도면 풍성하게 살 수 있습니다.

그 밑받침이 되는 것은 산유국이라 기름값이 싸다는 겁니다. 리터 당 300원입니다. 2만 원도 안 되는 돈으로 서울—부산을 왕복할 수 있습니다. 기름값이 싸기 때문에 택시 비용도 쌉니다.

셋째, 치안이 좋습니다. 도시 자체가 수준이 높고 밤 문화가 없습니다. 그래서 치안이 너무 좋습니다. 아주 건전한 곳입니다.

말레이시아 부동산에 투자하신 분들이 많으신데 말레이시아 부동산은 적은 금액 투자해서 거기서 살면서 골프장, 자연 환경 등 많은 것을 마음 껏 누릴 수 있고 맛있는 것도 많이 먹을 수 있고 정말 인생을 힐링할 수 있다고 생각합니다. 그건 돈을 주고도 살 수 없는 자산입니다.

사실 캄보디아가 주거하기에는 좋은 환경이 아닙니다. 물가가 비쌉니다.

'캄보디아는 못 사는 나라니까 거기 가면 왕처럼 살겠다'? 잘못된 생각입니다. 캄보디아 시장은 그런 마인드보다는 개발되고 있는 곳이다 보니 부동산 투자를 해서 돈을 벌어야겠다는 마음으로 오시면 됩니다. 그렇지만 투자나 비즈니스 쪽으로 접근을 하시면 매력이 있습니다.

프놈펜은 수도이자 정치 경제 문화의 중심입니다. 소비지수를 보면 은퇴 이민국가 선호도 1위입니다. 서양 사람들 같은 경우는 추운 지방에서 사는 사람들이 겨울철에 세 달 살기 또는 한 계절 살기로 프놈펜에 오시는 경우가 많습니다.

프놈펜은 4계절은 없고 딱 건기와 우기로 나눠지는데, 4월부터 10월까지가 우기이고 11월부터 3월까지가 건기입니다. 비가 오는 날과 비가 오지 않는 날, 2가지로 나눠져 있기 때문에 반팔과 반바지만 있으면 1년 내내 버틸 수 있습니다.

그래서 우리나라 겨울철에 여행을 오시면 프놈펜은 우리나라 초겨울 날씨 정도로 관광하기에 가장 좋은 계절입니다. 12월부터 2월까지. 프놈펜은 굴뚝공장 등이 많이 없기 때문에 공기가 깨끗한 편이긴 한데, 요즘 프놈펜에 건설 붐이 일어서 흙먼지가 날리는 단점은 있습니다.

프놈펜을 사랑하는 3가지 이유는 다음과 같습니다.

첫째, 프놈펜이라는 도시는 여러 가지 방면으로 봤을 때 동남아시아 국가 중에서도 발전 가능성이 높은 나라입니다.

둘째, 캄보디아인들의 국민성이 온순하고 온화합니다. 그래서 외국 사람들에 대한 강력범죄가 좀 적습니다. 이방인이라는 생각은 버리시고 좀 편안하게 그 문화에 좀 젖어들 수 있는 나라입니다.

셋째, 프놈펜 같은 경우에는 아까는 농담으로 말씀드렸지만 현지에 있는 음식이라든지 풍습, 관광 등을 좀 저렴하게 즐길 수 있고, 시아누크빌이나 시앤립 등 관광으로 다녀보셔도 굉장히 좋은 나라입니다. 노동력이 풍부하고 아직까지는 인건비가 저렴하니까 집에 일하시는 분들을 두실 수도 있습니다.

조금 더 편안하게 사실 수 있습니다. 또 모든 건물에 수영장, 짐, 스카이 바 등이 갖춰져 있습니다.

223

중국 상하이

상하이는 중국의 경제도시입니다. 수도는 베이징이죠. 중국 상하이는 날씨가 한국과 좀 비슷합니다. 4계절이 분명히 차이가 있긴 하지만 봄, 가을은 기간이 좀 짧습니다. 여름과 겨울이 긴데 더울 땐 엄청 덥고 추울 때는 무척 춥습니다. 습기가 많습니다. 공업도시이다 보니까 대기오염이 좀 많았는데 최근에는 많이 좋아졌습니다.

중국은 일단 주요 도시의 주거비가 너무 비싸요. 한국 교민들이 살 수 있는 집 같은 경우는 일단 2인 기준으로 임대료가 최하 100만 원인 것 같습니다. 방 한 개가 70~80만 원, 2개가 싼 건 100만 원, 200만 원, 300만 원 넘는 것도 있어요.

한국음식이 상당히 비싸요. 한국보다 1.5배 내지 2배 정도 보시면 될 것 같습니다. 물가도 높습니다. 호치민에서 200만 원이면 상하이에서는 300~400만 원입니다. 아이들 교육을 시킨다고 하면 월 1천만 원은 있어야 생활이 가능합니다. 그렇지 않으면 교민들이 사는 동네에서는 살 수 없고 멀리 가야 합니다. 그런데 그렇게 하기에는 커뮤니티가 멀어지니 좋지 않죠. 상하이도 호치민처럼 저렴한 금액으로 거주할 수 있었을 때가 있었는데 20년 동안 개발되면서 굉장히 많이 바뀌었죠.

상하이를 사랑하는 이유 3가지는 다음과 같습니다.

첫째, 상하이는 중국의 경제도시로서 금융, 무역 등 개방적인 도시입니다. 배울 것도 많고 트렌디합니다.

둘째, 상하이의 여러 정책은 상당히 합리적으로 처리됩니다. 또한 상하이 사람들도 외국인에게 개방적이고 융통성이 있어서 살기가 좋습니다.

셋째, 경제 발전 속도가 빨라서 자산을 늘리면서 삶을 누리기에 정말 좋습니다.

상하이 야경

5 | 아시아 5개 도시 배틀 2 : 치안과 관광

베트남 호치민

베트남은 한국에 대해서 굉장히 우호적인 문화를 갖고 있습니다. 그리고 한인분들이 많이 사셔서 그런지 안전한 편입니다. 하지만 소매치기 같은 것들은 조심해야 합니다. 들고 있는 핸드폰, 세워둔 오토바이 등을 조심하세요. 같은 베트남이어도 하노이보다는 호치민이 날치기가 많은 편입니다.

베트남 전체를 봤을 때는 동쪽이 다 해변으로 되어 있어서 휴양의 천국입니다. 그러나 호치민 안에서는 관광지가 없습니다.

쇼핑이나 마사지, 먹을거리가 주입니다. 1일 1마사지, 쇼핑을 추천합니다. 벤탄시장은 짝퉁시장이기는 한데 커피도 유명하고 특산물도 많이 살 수 있습니다.

마사지는 1시간에 만 원에서 만오천 원 정도 합니다. 수준도 굉장히 높습니다. 코코넛 커피가 맛있습니다. 견과류도 많이 사가시고, 다람쥐똥 커피도 싸고 맛있습니다.

1억 인구로 계속 매수시장을 이끌어가는 경제도시 중심이니까 여러가지 기회, 투자, 비즈니스 기회가 펼쳐질 수 있다는 것이 큰 장점입니다. 그만큼 한국분들이 많이 들어가셔서 그만큼 경쟁도 치열한 것 같습니다.

베트남 하노이

베트남은 사회주의라 공안이 강력한 것으로 유명합니다. 베트남 현지 분들도 공안을 상당히 두려워하는 문화가 있기 때문에 범죄율이 높은 편은 아닙니다. 특히 제가 외국인으로서 거주하기에도 치안이 굉장히 안전한 편인데, 소매치기 오토바이 날치기 등이 가끔 일어납니다.

하노이 외곽지를 소개를 드리자면 유명한 하롱베이가 2시간 반 정도 되는 거리에 있습니다. 그리고 베트남 북부에 위치해 있는 싸파는 원주민들의 실생활 모습을 볼 수 있어서 상당히 매력적인 관광지입니다. 하노이 도시 내를 보면 호치민 주석의 시신이 누워 있는 모습을 볼 수 있습니다. 그게 가장 인상적인 관광지이고 그것 외에 호암키엠 호수, 서호, 호아로 수용소, 각종 박물관 등이 있습니다. 베트남 하노이, 성장하는 도시입니다. 앞으로 10년 후에 지금으로서는 상상할 수도 없는 것들이 펼쳐질 겁니다.

말레이시아 조호바루

따뜻한 나라에 살아서 그런지 크게 공격적인 성향이 없고 편하고 친절합니다. 많이 웃습니다. 요즘은 한류열풍으로 한국 사람들을 대체로 굉장히 좋아합니다. 실제로 생기는 범죄라고 하면 오토바이 소매치기 등이 있습니다.

말레이시아는 이슬람의 영향 때문에 밤 문화가 별로 없습니다. 없는 것은 아니지만 클럽 같은 곳은 거의 찾아보기가 힘들고, 술집도 있지만 주류가 비쌉니다. 8시 이후에는 다 집에 가서 가족과 시간을 보냅니다. 술집도 있는데 주류가 너무 비싸서 술을 잘 안 마십니다. 엄격하게 종교 활동은 조호주는 좀 센 편이고 코타키나발루나 동말레이시아는 좀 루즈한 편입니다.

말레이시아는 관광지 천국입니다. 말레이시아 자체가 2개 지역으로 되어 있습니다. 동말레이시아와 끝이 한반도처럼 생긴 말레이반도로 나눠져 있죠. 북쪽에는 고산지대가 있지만 바다로 둘러싸여 있어 해산물도 풍부합니다. 굉장히 넓은 땅에 3,500만 명밖에 살고 있지 않기 때문에 아주 여유롭습니다. 치열한 경쟁이 별로 없습니다.

동말레이시아 같은 경우에는 세상에서 가장 아름다운 선셋(sunset)이라는 코타키나발루가 있고 쿠칭, 쿠쿰 아일랜드 등 굉장히 좋은 곳이 많습니다. 물빛이 에메랄드 색이라 스노클링 하기에도 좋고요. 18세기 동남아시아의 무역 통로였던 말레카라는 조그마한 도시가 있는데 역사가 250년 정도 됩니다. 영국, 포르투갈, 말레이시아가 섞여서 묘한 분위기를 만듭니다. 그리고 국제적으로 유명한 야시장도 있습니다.

말레이시아는 뭐 사가야 할 것은 많이 없고 다 먹고 가야 합니다. 딱 사가라고 추천해드리고 싶은 것은 통갓알리입니다. 인삼보다 사포닌 성분이 400배 더 들어가 있습니다. 한국에서는 담배인삼공사에서 수입 금지품으로 지정해서 수입은 불법이지만 사가지고 오는 건 괜찮습니다. 말레이시아 자체 브랜드가 2개 있습니다. 자동차 수출국입니다. 상당히 기술 수준이 높아요. 아시아 12개국 중에서 말레이시아가 세 번째로 잘 살지만 물가는 싱가포르의 10분의 1, 브루나이의 4분의 1입니다. 앞으로 굉장히 올라갈 수 있습니다. 아시아가 기준이 된다면 말레이시아가 제일 먼저 튀어 오를 겁니다. 노후에 편안하게 살면서 투자한 부동산이 어느 날 뛸 수 있는 가능성을 가지고 있는 아주 좋은 지역입니다.

말레이시아 이슬람 사원

캄보디아 프놈펜

프놈펜의 치안은 좋은 편은 아닙니다. 그나마 다행인 것은 국민성이 좀 온화한 편이기 때문에 강력범죄는 안 일어나고, 경범죄 정도가 일어난다는 점입니다. 그래도 여성분들은 밤 늦게 혼자 안 다니시는 게 좋겠습니다.

캄보디아에는 앙코르와트가 있습니다. 프놈펜에서 차로 약 5시간 반 정도 떨어져 있습니다. 앙코르와트는 1년에 120만 명이 왔다갔다 할 정도로 죽기 전에 꼭 가봐야 할 관광지입니다. 후추가 유명하고 커피, 유기농 설탕이 유명합니다. 캄보디아 커피는 베트남 커피와는 다르게 쓴 맛이 좀 더 강합니다.

프놈펜만 보면 왓프놈(Wat Phnom) 사원이 있습니다. 황궁, 리버사이드의 외국인 거리, 야시장도 유명합니다. 메콩강도 있기 때문에 유람선 관광 등이 잘되어 있습니다. 그리고 집을 꼭 한 채 사 가셔야 됩니다. 워낙 투자 가치가 높은 지역이라 부동산 쪽으로 하시는 것이 좋을 것 같습니다. 1억 정도면 충분히 구매 가능합니다. 캄보디아 프놈펜은 제2의 상하이, 제2의 서울을 꿈꾸는 도시입니다. 지금 부동산이나 건설업 쪽으로 투자를 많이 하셔도 나중에 시세 차익 등을 누릴 수 있을 것입니다. 말레이시아가 조금 심심하겠다 싶으면, 다양하고 활기찬 도시를 맛보고 싶으면 캄보디아 프놈펜에서 살아보시는 것도 좋겠습니다.

중국 상하이

중국 상하이는 날치기가 없습니다. 경제도시라 그런지는 몰라도 외국인들도 많고 경범죄가 없습니다. 공안이 무섭기도 한데, 옛날에는 외국인에게 사고를 일으키면 중범죄로 벌을 더 엄하게 받기도 했을 정도로 안전합니다. 밤에 왔다갔다 해도 사건사고가 거의 없습니다. 옛날에는 사람을 납치해서 장기를 판다는 말도 돌아서 무서워 했었는데, 최근에는 그런 이야기도 많지 않습니다.

중국은 계속 개발을 해왔기 때문에 물가도 많이 올라갔습니다. 대기업이나 주재원으로 가시는 분들이라면 많은 다양한 문화를 경험할 수 있어 좋습니다. 하지만 개인적으로 무언가를 하실 때에는 저는 동남아를 추천합니다.

각 나라마다 3개월씩 살아보시면 너무 좋을 것 같습니다. 우리가 유목민처럼 아시아를 따라 쭉 이동하면서 기회를 볼 곳은 기회를 보고, 또 거주를 할 곳에서는 거주해서 누려야 될 곳은 누리시면서, 또 돈을 벌 곳에서는 돈을 벌면서 쭉 한번 따라 걷는 삶을 살아보시는 것은 어떨까 생각을 해봅니다.

6 | 핫한 부동산 3개국
: 중국, 베트남, 캄보디아 1

최근의 핫한 세 나라에 대해서 이야기해보려고 합니다. 중국, 베트남, 캄보디아죠. 외국인이 부동산을 구매할 수 있는지, 그리고 세금, 각 도시별 특징에 대해서 알아봅니다.

베트남 호치민/하노이

〈제도〉

베트남은 2014년과 2015년에 걸쳐서 주택법과 주택법 시행령, 세칙들을 발표했고, 공식적으로는 2015년 이후부터 외국인 개인이 부동산을 구매할 수 있게 되었습니다. 그 전에는 베트남인과 결혼한 외국인 또는 베트남 정부로부터 특별한 허가를 받은 사람들만 가능했죠. 일단 영구 소유권은 주어지지 않습니다. 외국인 개인이 구매할 경우 50년에 한해서 소유권을 인정해주지만 베트남 내에서 보면 사용권이라고 해석하는 것이 맞겠습니다. 하지만 행사할 수 있는 권리에 대해서는 다를 바가 없어요. 베트남이 외국인에게 부동산을 오픈한 역사가 굉장히 짧기 때문에 베트남 법이 앞으로 어떻게 진행될지 걱정하시는 분들도 많습니다.

하노이에서는 지금까지 외국인들이 아파트를 구입해서 소유권을 실제로 많이 받았습니다. 아파트 프로젝트나 아니면 그 프로젝트가 위치해 있는 구에 따라서 소유권이 나오는데 통상적으로는 3개월에서 1년 정도의 시간이 지나면 소유권을 받을 수 있습니다. 핑크북이라고 부르는 등기증이 나옵니다. 호치민에서는 특수한 케이스가 아니면 외국인에게 핑크북이 나온 사례가 없습니다. 하노이는 핑크북이 나오는데 호치민은 안 나오는 이유는 뭘까요? 베트남 주택법에는 '거주를 위한 아파트 개발을 허가받은 프로젝트에 한해서 외국인의 구매가 가능하다'는 조항이 있습니다. 그러면 정부가 외국인에게 팔아도 되는 아파트 리스트를 발표하거나 따로 승인 절차를 거쳐야 합니다. 외국인이 아파트를 분양받을 때 핑크북이 나오는지 안 나오는지 알려면 베트남 정부기관 홈페이지에서 검색을 해보면 정부에서 승인해준 아파트 목록이 뜹니다. 그런데 호치민은 그 발표를 아직 한 번도 하지 않았습니다. 짐작으로는, 각 시행사들이 승인을 별도로 받아야 하는데 그 과정이 아직 이루어지지 않은 것 같습니다.

〈주의〉

만약에 호치민에서 외국인이 부동산을 구매를 했는데 나중에 시행사에서 승인을 받아내지 못하면 문제가 됩니다. 실제로 그런 문제가 생긴 단지들이 몇개 있습니다.

한 사례에서는 오피스텔에 대한 해석이 정확하게 되지 않은 상태인데, BXX프로젝트에서 소유권을 가질 수 있다고 판매를 했습니다. 그런데 정부에서 나중에 오피스텔은 주택법에 명시된 거주지역으로 볼 수가 없다고 소유권을 허가해주지 않았습니다. 분양 후 입주 전이었기 때문에 시행사에서 원하는 고객에 한해 환불 조치를 하고, 고객이 동의하면 50년 소유권이 아니라 50년 임대권으로 구매 전환을 해주는 일도 있었습니다.

〈추천〉

하노이는 CBD, 즉 중심에 있는 지역을 산다고 하면 스퀘어미터당 대략 5,000달러 정도 예상하셔야 합니다. 좀 벗어나서 신도시 쪽으로 나가면 스퀘어미터당 2,000달러 전후로 보시면 됩니다.

하노이의 임대수익률은 사실 지금 가파르게 줄어들고 있습니다. 왜냐하면 중고가 아파트들은 외국인들이 임대수익을 목적으로 구매하는 경우가 많은데, 지금은 외국인의 인구 증가 대비 고급주택 보급률이 조금 더 높아졌습니다. 공급이 조금 더 늘어난 거죠. 현재는 임대수익률 6% 정도 보셔야 합니다.

호치민은 하노이와는 가격 차이가 많이 납니다. 평균가가 얼마라고 하기에는 애매합니다. 군마다 차이가 커서 평균가를 매기기 힘듭니다. 그래서 시 중심 즉, 1군, 2군과 한국인이 많이 사는 7군, 그 안에서도 작은 아파트가 아닌 네임 밸류가 있는 시행사들 기준으로 보겠습니다. 평균가는 55스퀘어미터 정도 되는 방 하나짜리 한화 1억~1억 5천 정도, 방 2개짜리는 2억~2억 5천, 방 3개짜리는 그 이상입니다. 임대수익률은 예전에 부동산 가격이 올라가기 전에 사신 분들은 7% 이상 났다고 말할 수도 있지만, 지금은 집값이 많이 올라서 3% 정도 나오고 있는 것 같습니다. 높지는 않습니다. 공실률도 좀 높습니다.

호치민이나 하노이는 부동산 개발을 너무 많이 하다 보니까 수요보다는 공급이 많아서 불균형이 있습니다. 초창기에 사셨던 분들은 괜찮으셨을 것 같은데 지금 들어가시는 분들은 수익률이 좀 낮다고 보시면 될 것 같습니다.

캄보디아 프놈펜

〈제도〉

2010년 4월에 외국인 부동산 소유권법이 통과되었습니다. 그때부터 외국인도 내국인과 동일하게 지상권 아파트, 지상권 부동산에 대해서 영구 소유권을 인정받았습니다. 단 외국인의 명의로 토지와 접합된 부동산은 구입할 수 없고 대신 은행 신탁이나 개발상, 시행사 등의 신탁을 이용해서는 구입할 수 있습니다. 아니면 51% 캄보디아 자본, 49% 외국자본 법인을 세우셔서 토지를 구매할 수 있습니다.

〈추천〉

프놈펜 전체 지역의 콘도미니움의 평균 판매 금액이 약 20만 달러 정도, 한화로 약 2억 4천만 원 정도입니다. 스퀘어미터당 평균 단가는 약 2,500달러 정도 보시면 됩니다. 프놈펜 전체 평균 분양가 기준입니다. 콘도미니움은 스튜디오부터 원룸, 투룸, 쓰리룸까지 평균 임대수익률이 분양가 대비 약 7.6% 정도입니다.

캄보디아는 GDP도 낮은데 7.6%나 되는 수익률이 나오는 이유는 무엇일까요? 7.6%는 평균가입니다. 스튜디오 즉, 하이 레벨(high level)의의 콘도미니움 스튜디오를 기준으로 보시면 월 임대료가 700달러에서 1,000달러까지도 나옵니다.

BKK지역 같은 경우는 가장 저렴한 원룸이 700달러입니다. 임대비가 비싸죠. 해마다 2만 4천 세대 정도의 분양이 이루어지는데, 말씀드렸다시피 프놈펜에만 외국인이 45만 명입니다. 공급에 비해 수요가 훨씬 크죠. 임대수익률은 당분간 계속해서 오른 상태로 유지될 것 같습니다.

임대수익률이 상당히 좋은 편이고, 평균 집값 상승률도 해마다 오르고 있기 때문에 투자로는 프놈펜도 좋은 지역입니다.

중국 상하이

〈제도〉

중국은 2000년부터 외국인이 부동산을 구매할 수 있었습니다. 단 도시의 취업증과 세금을 낸 증명서가 없으면 구매할 수 없습니다. 한때 중국은 누구나 언제든지 집을 살 수 있고, 취득세와 양득세도 없었습니다. 그러니 지금은 반드시 거주를 목적으로 한 채만 구매할 수 있어요.

또한 예전에는 70년 동안 땅을 빌려서 주택을 지으면 그동안의 사용권을 구매했습니다. 상업용 건물은 40년, 공업용은 50년이었어요. 이렇게 땅을 사용하는 권한 아래 집을 판매했습니다. 그런데 2005년부터 물건법이 통과가 되어서 땅 사용기간이 지나도 토지세만 내면 자동으로 연장이 됩니다. 실제로는 영구적으로 그 땅을 쓸 수 있게 된 거죠. 나중에 혹시 재개발이 되면 보상을 해주도록 되어 있습니다.

〈주의〉

군사기지가 있는 쪽은 집을 판매하면 안 된다는 조항이 있습니다. 실제로 정부 군사시설이 있을 때에 집을 계약을 했다가 취소된 케이스가 있었습니다. 서안 프로젝트를 할 때에 어떤 아파트를 판매했는데 그 앞에 항공기지가 있어서 외국인에게 판매가 안 된다고 계약을 취소한 적이 있었습니다. 몇 채밖에 판매를 안 했지만, 그 사이에 집값이 좀 오른 곳으로 옮기게 되어서 고객이 화를 냈던 적이 있습니다. 구매한 분들에게

피해가 생긴 거죠.

중국은 일대일로 정책에 따라 지속적으로 개발되고 있습니다. 곳곳에 고속철도를 통해 모든 지역이 1일 생활권이 되었습니다. 베이징에서 백두산까지 4시간이면 가게 된다고 합니다. 이런 교통 허브를 통해 주변지역들과 함께 발전을 시키고 있습니다. 기본적으로 상하이, 베이징, 선전 등 1선도시들은 부동산에 대해 공급보다 수요가 더 많고 살기도 좋습니다.

상하이는 20년 단위로 계획을 세웁니다. 지금은 2035년까지 상하이 마스터 플랜이 나왔습니다. 상하이는 뉴욕에 버금가는 곳이 될 것입니다. 현재 상하이는 돈이 있다고 구매할 수 있는 것이 아니라 상하이에 세금을 1년 이상 내야 구매 자격이 주어집니다. 만일 자격 조건이 된다면 추천하고 싶은 곳은 최근 1억의 선수금을 내고 대출 2억을 받아서 구매할 수 있는 곳이 몇 군데 있습니다. 상하이 2035년 마스터 플랜에 따라 발전할 가능성이 있는 곳이 있습니다.

최근 상하이의 부동산은 최소한의 선수금이 현금으로 3억~5억은 되어야 마음에 드는 집을 정할 수 있습니다. 물론 대출 65%를 받은 상태에서 말입니다. 그러나 중국 정부의 규제로 현재 가격이 아직 정상적으로 상승하지 않은 지역이 있습니다. 적은 금액으로 투자하여 장기간 보유할 수 있는 상품을 추천합니다.

7 | 핫한 부동산 3개국
: 중국, 베트남, 캄보디아 2

해외 부동산 투자는 반드시 리스크가 존재합니다. 어느 나라에 투자를 하시던 리스크에 대한 부분을 확인하셔야 합니다. 반드시 현지에 가서 현지 상황을 눈으로 확인하시고 건강한 에이전트를 통해서 투자를 하세요. 이 장에서는 각 도시마다 투자 리스크와 호재는 무엇이 있는지 알아보려고 합니다.

베트남 호치민/하노이

〈리스크〉
베트남에서는 혼자 부동산을 구입해도 나중에 부동산 관련해서 일 처리를 할 때에는 반드시 가족관계 증명서나 혼인관계 증명서를 내야 합니다. 혼인 전에 취득을 했든 혼인 중에 취득을 했든 부부가 다 소유권을 행사할 수 있기 때문입니다. 중국도 마찬가지입니다. 가끔 한국분들 중에서 배우자 몰래 하셨다가 나중에 당황하시는 분들이 있습니다. 이 점을 알고 투자하시면 좋겠습니다.

베트남만의 리스크는 아니지만 베트남화는 몇 년 동안 꾸준히 절하가 되고 있는 통화이기 때문에 환 리스크가 좀 있습니다. 또 하나는 정보적인 한계입니다. 언어가 통하지 않기 때문에 정말 믿을 수 있는 에이전트들을 선별하셔서 하는 게 가장 안전합니다. 특히 정보 관련해서 가장 문제가 될 수 있는 부분입니다. 소유권이 나오지도 않는데 소유권(등기권리증)이 나오는 줄 알고 투자를 하시는 분들이 실제로 있습니다. 또한 정부 정책이 아직 불안정합니다. 베트남 같은 경우는 외국인에게 부동산을 오픈한 지 5년이 채 되지 않기 때문에 거기서 어떤 변수가 일어날지 모릅니다. 어떤 방향으로 정책이 세워질지 모르는 거죠. 호치민의 경우 핑크북이 가장 큰 리스크인데, 언젠가는 나올 것이라고는 생각하지만 모든 프로젝트가 100% 나온다고는 장담할 수 없습니다.

〈호재〉

호치민은 어떤 특정한 이벤트 발생으로 인한 호재는 없습니다. 다만 베트남 같은 경우는 도시화율이 35% 정도입니다. 도시화율이란 전체 인구중에서 몇 %가 도시에 사냐는 것인데 한국은 90%에 육박합니다. 말레이시아가 70%, 태국이 50% 정도 됩니다. 베트남도 인구 증가율이 2~3% 정도 되는데 세계에서 가장 빨리 도시화가 진행되는 나라 중에 하나입니다. 즉, 주택 수요, 인프라 개발들이 이루어지고 있다는 뜻입니다. 지금은 베트남이 수출과 제조업으로 국가를 끌어가는데, 사실 베트남은 내수시장이 어마어마 합니다. 거의 1억 정도 되는 인구를 가지고 있기 때문이죠. 내수시장이 안정화되면 도시화율이 높아지면서 부동산도 호재가 있을 수 있겠습니다. 하노이는 도시가 확장되는 속도가 굉장히 빠릅니다. 주택 개발이 중심으로부터 멀어지면서 외곽까지 점점 들어차는 거죠. 2019년까지 개발된 가구가 40만 채가 좀 안 되는데, 그 40만 채가 대략 지금 도시 지역에 거의 다 찼습니다. 과거에는 홍강 서쪽으로 확장 속도가 빨랐는데 지금은 그 건너편으로 개발이 많이 되고 있죠.

〈가장 비싼 물건〉

호치민은 경제도시이니까 경제도시의 가장 핵심지역이 가장 비쌉니다. 알파킹이라는 1군 시 중심에 있는 아파트가 스퀘어미터당 14,000달러 정도 됩니다. 재작년에는 8,000에서 1만 달러 정도였는데 올랐네요. 하노이가 가격이 조금 저렴합니다. 요즘 분양하는 아파트를 기준으로, 시프차 지역에 선샤인 그룹에서 개발하고 있는 크리스탈 리버가 평균 5,000달러에서 6,000달러 정도 됩니다.

〈대출〉

대출 여부와 이자가 집값에 영향을 많이 미칩니다. 보통은 대출을 받아서 모기지에 따른 수익을 얻으려는 분들이 많기 때문에 대출이 많이 안된다는 것이 고객들 입장에서는 좋지 않죠. 베트남은 원칙상 대출이 됩니다만, 실제로 외국인 대상으로 대출이 이루어진 케이스가 많지는 않은 편입니다. 아무래도 이자율이 높고, 위험도 등의 조사를 시행사별로 각각 해서 대출해주는 경우가 많기 때문에 복잡합니다.

〈투자 매력 포인트〉

베트남 내국인들이 투자를 가장 선호하는 것 중 하나가 토지입니다. 토지가 40%, 그 다음 주택이 30%입니다. 주식이나 은행 이자가 그 다음에 있는데 옛날에는 부동산 대출 받기도 무서워하고 빚 내기도 무서워하고 하던 사람들이 은행에 저축을 하기 시작하고 빚을 내서 부동산 투자를 하기 시작한 겁니다. 이렇게 로컬 사람들이 잘 이끌어가주면 하면 집값은 오를 것으로 보입니다. 하노이의 매력 포인트는 실수요자 위주로 부동산이 재편되고 있다는 것입니다.

최근 10년 동안 하노이의 부동산이 조용했습니다. 1,000달러 이내에 살 수 있는 아파트는 이미 아주 많은 실수요자가 구매하고 있고 그것이 이제 1,500~2,000달러에서 럭셔리 레벨까지 올라가고 있죠. 지금 상황은 중고가, 럭셔리 레벨에 대한 수요가 애매하게 살짝 붕 떠 있는 시기라고 판단하셔도 될 것 같습니다. 경제 발전이 계속 이루어지면 하이엔드 (high-end) 급에 대한 구매력도 증가할 것이고, 충분히 원하시는 시세차익을 이룰 수 있을 것으로 보입니다.

캄보디아 프놈펜

〈리스크〉

캄보디아는 외국인들이 토지 또는 토지에 접한 부동산에 대해서 구매를 할 수 없습니다. 그런데 토지에 시세 차이가 워낙 크게 나다 보니, 브로커를 통해서 캄보디아인의 명의를 빌려 구매를 했다가 실패하는 경우도 있습니다.

특히 배우자의 명의로 부동산을 구입을 하셨다가 배우자와 틀어지는 경우도 있으니 주의하시기 바랍니다. 배우자 명의로 구매를 했을 경우, 외국인이 법적으로 보호를 받을 수 있는 방법은 없다고 합니다. 캄보디아는 자국 화폐 리엘이 있습니다. 하지만 98% 정도 달러를 사용하기 때문에 환 리스크가 비교적 적습니다.

〈호재〉

GDP를 보면 현재 캄보디아는 한국의 1970년대 후반이라고 볼 수 있습니다. 한국은 1986년 아시안 게임, 1988년 서울 올림픽 후에 폭발적인 성장을 했습니다. 프놈펜은 2023년에 동아시안 게임이 열립니다. 이 대회가 열리게 되면서 캄보디아에 첫 번째 고속도로가 생길 계획입니다. 신공항 건설도 예정되어 있습니다. 이외에도 일본에서 설계하고 있는 지상철 등 여러 호재들이 있어서 투자하기에는 좋은 기간이 아닌가 합니다.

⟨가장 비싼 물건⟩

캄보디아는 빈부의 격차가 아주 심해요. 두 부류의 필요를 다 만족시키기 위해 고가 아파트와 대중화 된 플랫 하우스(flat house)가 공존하고 있습니다. 일단 프놈펜의 대표적인 4개 지역에 아파트 분양가를 보면 단가가 평균 2,500달러입니다. 메콩강을 바라볼 수 있는 콘도미니움인 모건맨션의 펜트하우스는 200만 달러, 우리나라 돈으로 약 24억 정도입니다. 프놈펜 시내 쪽 펜트하우스는 100만 달러 정도, 한화 12억 정도에 거래가 되고 있습니다. 8,000달러까지 가는 것들이 있습니다.

〈대출〉

현재는 부동산 정책이 활기를 띄고 있기 때문에 정부에서도 자국민들에 대한 부동산 대출 정책을 완화했습니다. 단, 금리가 연 7%에서 9%까지 고금리입니다. 많은 분들이 해외 부동산에 관심을 갖고 투자를 많이 하지만, 캄보디아 프놈펜은 은퇴이민 시장으로 봐야 합니다. 소비 물가로 따지면 은퇴이민 1위 국가가 캄보디아입니다. 저렴한 물가, 쾌적한 날씨, 맑은 공기 때문이며 더군다나 비자 정책이 좋습니다. 1년에 300달러 정도만 예치하면 은퇴 비자가 복수로 쉽게 나옵니다. 수요 공급 문제로 집과 자동차 비용이 굉장히 비싸기 때문에, 집과 차량만 준비되면 은퇴 후에 적은 금액으로 호화스럽게 살 수 있겠습니다.

〈투자 매력 포인트〉

캄보디아에 투자를 왜 해야 되는지 말씀드리면, 첫째, 캄보디아는 달러를 사용합니다. 해외 투자에 관심이 많으신 분들은 이게 얼마만큼의 메리트인지 잘 아실 것 같습니다. 이런 팬데믹 시기에도 환 리스크가 적습니다. 두 번째는 문재인 정부도 신남방정책이라고 해서 동남아시아 캄보디아에 많이 투자를 하고, FTA를 준비하고 있습니다. 특히 금융이 개방된 나라이기 때문에 우리나라 KB도 제2금융권인 프라자 마이크로 파이낸스를 인수했고 신한은행도 제3금융권 인수를 했습니다.

또 농협, 기업은행, 경북은행 등 우리나라의 동남아시아의 전쟁터라고 불릴 만큼 메이저급 은행들이 많이 진출을 한 상황입니다. 이렇게 중국의 일대일로 정책으로 인해서 중국의 투자가 많이 들어가고 있고 싱가포르, 대만의 투자 이런 것들이 계속해서 늘어나고 있는 상태이기 때문에 앞으로 투자 가능성이 높은 나라라고 말씀드리고 싶습니다.

중국 상하이

〈리스크〉

중국은 초창기에 부동산 시장이 완전히 세팅이 안 되어 있을 때는 반드시 부부가 와서 사인도 하고 그래야 했는데 지금은 상하이 같은 경우는 이미 부동산 시스템이 굉장히 활발하게 잘 되어 있어서 부부가 같이 안 오고 혼자 와서 해도 됩니다. 대신 그렇게 해도 모든 돈은 부부가 합산해서 나눠 가집니다.

중국은 위임장이 없어도 되고 상하이는 본인 이름으로 샀으면 본인이 혼자 가서 하면 됩니다. 초창기에는 자료도 냈는데 사실 그게 별 의미가 없다고 생각한 것 같습니다. 합법적으로 내가 내 이름으로 된 것을 팔아도 법적으로 돈을 부부가 나눠 갖게 되어 있습니다. 그렇기 때문에 혼자 들어가든 두 사람이 다 들어가든 모든 소유에 대한 권한은 양쪽에 같이 있기 때문에 혼자 해도 됩니다.

그 대신 중국 안에서도 도시가 아닌 바깥으로, 외각 지역으로 갈수록 더 엄격하게 적용을 하기 때문에 반드시 같이 가야 되고 위임장도 안 되는 케이스들이 많습니다. 많이 경험을 해본 도시일수록 그런 것에 대해서 간소해지는 것은 사실입니다.

〈호재〉

투자 호재에 따라서 사실은 부동산 가격이 차이가 굉장히 많이 나는데 중국 같은 경우는 상하이 엑스포가 열리던 시절 집값이 폭등을 했습니다. 그리고 굳이 비교를 하자면 2005년의 상하이 집값과 베이징 집값을 비교하면 상하이의 집값이 2배였습니다. 베이징이 반값밖에 안됐는데 그후 베이징올림픽이 열리던 2008년부터 가격이 올라가기 시작해서 지금은 상하이랑 베이징이 가격이 똑같아졌습니다.

〈가장 비싼 물건〉

중국의 제일 비싼 시 중심 분양가는 평방당 3만 달러 정도 되는 것 같습니다.

〈투자 매력 포인트〉

중국은 이미 실수요자 중심으로 넘어갔습니다. 투기하는 사람은 거의 없죠. 2000년도 초반 임대가격과 지금 임대가격이 똑같습니다.

임대료는 같은데 집값이 워낙 많이 상승해서 핵심 시티 안에 임대수익률은 1%도 안 되는 곳이 있습니다. 만약 중국에 주재원으로 계시고, 거주한 지 1년이 넘으셨다면 적극 투자를 권합니다. 특히 상하이, 베이징, 선전은 중국 일대일로 정책에서 가장 중요한 도시입니다. 그쪽에 사시는 분들은 꼭 투자를 하시길 권합니다.

수요 공급을 따졌을 때 1선 도시인 상하이, 베이징, 선전은 공급이 훨씬 더 모자랍니다. 현재 집값을 국가가 규제하기 때문에 오르지 않고 있지만, 규제를 풀면 집값이 상당히 오를 것 같습니다.

코로나 관련 최근 상황

캄보디아는 2020년 7월 27일 기준으로 확진자가 225명입니다. 해외에서 들어오는 유입 인구 때문에 많이 확진자가 생겨난 상황이라 8월 1일부터 인도네시아, 말레이시아에서 들어오는 한국 표를 제한했습니다. 캄보디아에 들어가려면 한국에 있는 캄보디아 대사관에서 비자를 받아야 하고, 도착하면 바로 3천 달러를 보증금으로 맡겨놓으셔야 합니다. 그리고 같이 비행기를 타고 오신 분들이 전부 음성으로 확정이 되면 자가격리로 들어갑니다. 한 명이라도 확진자가 나오면 시설격리로 들어갑니다.

베트남이 일찌감치 코로나를 잘 잡아서 세계적인 조사기관에서는 베트남이 세계에서 가장 높은 경제 성장 가능성이 있다고 아주 긍정적으로 평가했습니다. 그래도 호텔이나 여행 쪽은 98% 정도 감소했습니다. 제일 크게 타격을 입은 관광 수입도 53% 감소했고, 호텔 공실률이 80%가 넘는다고 하는 것을 보면 타격이 컸다는 것을 알 수 있습니다. 오피스 공실도 5%대에서 10%로 올라갔습니다. 주택 현장은 새로 런칭하는 프로젝트들이 60% 감소했습니다. 판매된 신규 주택 수도 코로나 기간 동안 66% 감소했습니다. 그런데도 집값은 4%가 올라갔습니다. 이 기간에서도 신규로 판매된 주택 판매율이 72%는 된다고 합니다.

12월 17일 24시 기준 중국 본토 전역에서 발생한 신규 코로나 확진자가 12명으로 확인됐습니다. 이 가운데 11명이 해외 유입으로 상하이 4명, 광동 4명, 산시(山西) 1명, 허난 1명, 윈난 1명이며 국내 발생은 쓰촨성 1명입니다. 신규 사망자 및 신규 의심 환자는 발생하지 않았습니다.

해외 유입 코로나 환자는 현재 262명, 의심 환자는 3명, 해외 유입 누적 확진자는 4,079명입니다. 사망자는 없었습니다. 중국 본토 코로나 환자는 304명, 중증 환자 8명입니다. 현재까지 누적 퇴원 환자는 8만 1,851명, 사망자는 4,634명입니다. 무증상 감염자가 11명, 이 중 9명이 해외 유입입니다. 한편, 홍콩의 누적 확진자는 7,899명, 마카오 46명, 대만 757명입니다.

중국은 초창기 대처가 엄격한 후 지금은 비교적 경제 활동이 활발히 일어나고 있습니다.

04

NOMA
SIAN
LIFE
STYLE _____

30년 전에 강남에 집 사지 않았던 것, 후회하시나요? 30년 전으로 돌아가 63
빌딩이 눈앞에 있다면 구매하실 수 있으신가요? 이런 시기를 재현되는 나라들
이 있습니다. 정확한 정보와 지식이 있다면, 그리고 조금만 해외 부동산에 관
심을 갖는다면 누구나 다 하실 수 있는 투자입니다. 저는 해외에서 20년을 있
으면서 교민들이 겪는 어려움을 많이 경험했기 때문에 도움이 필요하신 분들
은 언제든 연락해주십시오. 도움 드리겠습니다

중국 부동산을 알면
아시아 부동산이 보인다

1 | 30년 전의 63빌딩이 눈앞에 있다면 구매하겠는가?

2000년대 초반, 당시에 부동산을 구입했던 목적은 다 투자였습니다. 자가용으로 생각했던 분들은 거의 없었습니다. 그리고 당시 부동산에 취득세가 아예 없었습니다. 집을 아무나 막 사도 됐습니다. 외국인들이 사도 됐어요. 이때 안 산 분들은 하나의 이유를 대셨어요. 리스크. 중국은 공산주의예요. '공산주의가 나중에 돈 안 돌려주면 어떡해? 그리고 땅을 빌려주는 건데 빌려주는 땅이 가치가 있겠어?' 젊은 분들 중에는 부모님이 많이 반대하셔서 취소하신 분도 많았습니다. 그런데 '그 시기가 다시 돌아와도 우리가 다시 투자할 수 있을까?'라고 생각을 해보세요. 아마 여전히 아마 용기가 없어서 투자를 못 하시는 분들 많을 겁니다.

30년 전에 강남에 집 사지 않았던 것 후회하시나요? 30년 전으로 돌아가 63빌딩이 눈앞에 있다면 구매하실 수 있으신가요? 기회가 돌아온다면 과연 투자하실 수 있겠는가의 문제입니다. 한국은 그 시기가 지났지만, 이런 시기를 재현할 수 있는 나라들이 있습니다. 정확한 정보와 지식이 있다면, 그리고 조금만 해외 부동산에 관심을 갖는다면 누구나 다 하실 수 있는 투자입니다.

"아시아에 투자를 해서 집값이 오를까요?"

이런 질문에 대한 답을 드리려고 합니다. 3년 동안 투자 했는데 7배가 오른 사례가 있습니다. 초기 단계입니다. 초기에는 금방 오르지만 시간이 지날수록 천천히 오릅니다. 같은 퍼센트로 오르는 데 투자기간이 5년, 6년, 10년이 걸립니다. 요즘 베트남에서 전매권 받고 많이 넘기시는데, 나중에 집값 오르면 엄청 배 아프실 겁니다. 끝까지 가지고 가는 투자를 하기를 바랍니다.

먼저 환테크에 대해서 이야기하려고 합니다. 환율이 150에서 110 했다가 120 갔다가 170으로 갑니다.

예전에 중국에 투자하셨던 분들은 대부분 환테크를 했습니다. 한국에 있는 돈들을 중국에 있는 어떤 자산으로 만들었을 때, 이 자산을 나중에 팔고 한국으로 돌아왔을 때 그만큼의 수익을 얻는 거죠. 110일 때 중국에 투자를 하셨던 분들이 170일 때 한국에 가지고 오면, 집값은 하나도 오르지 않더라도 50% 정도의 수익을 올릴 수 있는 겁니다. 환테크와 반대로 환 리스크가 있습니다. 말레이시아 같은 경우는 1:400일 때 구매를 했다가 지금 1:240이라고 하면, 벌써 얼마나 차이나는 겁니까? 3분의 1이 날아간 거죠.

다음으로는 달러 보유에 대한 것입니다. 최근에는 달러를 보유하자는 분위기가 형성되고 있습니다. 달러 보유는 어떤 방식으로 할 수 있을까요? 물론 미국에 가서서 달러로 물건을 사시면 제일 좋겠죠. 그러나 미국은 부동산보다는 주식으로 버는 시장입니다.

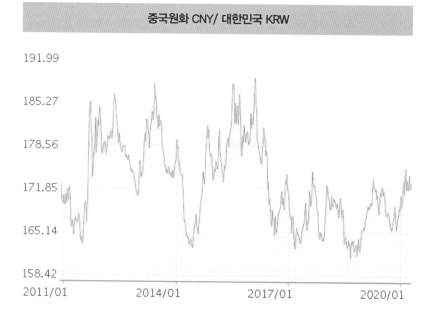

04 중국 부동산을 알면 아시아 부동산이 보인다

그러나 중국은 부동산으로 벌어요. 부동산이라면 앞으로 상승 공간이나 이런 것들도 생각하셔야 하는데 미국까지 갈 수는 없죠. 아시아에서도 달러를 보유할 수 있는 곳들이 있습니다. 캄보디아도 달러로 구매 가능하고 임대수익률을 6~8% 확정 보장해서 돌려주는 형태의 비즈니스도 많습니다.

그다음에 홈씨드에 대해서 이야기하겠습니다. 홈씨드는 부동산에 대한 펀드형 투자를 말합니다. 실물 자산을 여러 명이 모아서 투자를 하는 것이죠. 계약서를 쓸 때 3~4명 쓸 수 있는 방법이 있어요. 아시는 분들끼리 돈을 모아서 목적형으로 투자를 해보시는 것도 좋겠죠.

저는 이전에 결혼을 하면서 버킷리스트를 썼는데요. 친정 어머니에게 1억 드리기입니다. 그러고 나서 어떻게 1억을 만들까 고민을 하다가 부동산 투자로 1억을 모아봐야겠다고 생각했습니다. 그래서 2008년 당시에 3,000만 원 넣었고, 다른 친구는 1,000~2,000만 원 모아서 투자를 했어요. 4년쯤 후에 팔았는데 9,500만 원 정도 됐죠. 거기에 조금 더 보태 1억 만들어서 어머니께 드렸죠. 그래서 종잣돈 만들기, 신차 구입을 위한 투자하기, 연금을 위한 투자하기 등의 목적을 두고 해보시면 좋을 것 같습니다. 중국에서 홈씨드로 성공한 사람들이 많습니다.

또 하나의 목적형 투자는 영주권을 취득하면서 구매하는 사례입니다. 말레이시아의 10년짜리 MM2H비자를 만들면서 '임대하느니 내가 집을 사겠다!' 하고 집을 구매하시는 거예요. 부동산 투자이민 제도가 있는 나라들도 많습니다. 포르투갈, 그리스 등도 영주권을 취득하기 위해 부동산 구매를 하기도 합니다.

해외 부동산은 단기적인 투자가 아니라 중장기 투자를 하셔야 합니다. 정치 리스크, 환율 리스크 등 여러 리스크를 감안해야 하기 때문입니다. 그러나 너무 먼저 가서 투자하면 오래 기다려야 합니다. 반 발 정도 앞서서 들어가면 좋을 것 같습니다. 최소한 실패하지 않는 시기에 들어가야겠습니다. 무엇보다 에이전트 잘 만나는 게 정말 중요합니다. 향후 사후관리까지 해줄 수 있는지, 시장을 분석하는 전문성이 있는지, 이 회사가 비즈니스를 지속적으로 할 수 있는지에 대한 것들을 따져보셔야 합니다.

첫째도 사람, 둘째도 사람, 셋째도 사람입니다. 그냥 지인이라고 해서 믿으시면 안 됩니다. 전문가와 꼭 상의를 하셔야 합니다. 그리고 투자 타이밍이 중요하니 가성비 있게 들어가시길 바랍니다. 그리고 가능한 좋은 곳에 사세요. 개발도상국은 반드시 수도, 아니면 경제도시에 사시는 게 좋습니다. 저는 해외에서 20년 있으면서 교민들이 겪는 어려움들을 많이 경험했기 때문에 도움이 필요하신 분들이 언제든 연락하시면 도움을 드리겠습니다.

2 | 중국 부동산의 흐름 ①
2000~2004 : 초기 부동산 활황기

2000년에서 2005년까지 해외 교민이 바라본 중국의 초기 부동산 시장에 대해서 알아봅니다. 2000년에서 2005년, 왜 우리가 그 시장을 알아야될까요? 현재 많은 분들이 동남아 국가의 부동산 투자에 관심을 가지고 있기 때문입니다. 동남아시아 부동산이 중국과 비슷하게 간다는 말은 많은데, 중국의 부동산 시장이 어땠는지 모르시는 분들이 많죠. 그래서 이장에서는 2000년부터 2005년까지, 초기 진입시장에 대해서 얘기해보려고 합니다.

중국은 1998년부터 자본주의로 넘어갔습니다. 2000년부터는 외국인들에게 집을 구매할 수 있는 자격 조건이 주어졌습니다. 2000년부터

2004년은 부동산 활황기였습니다. 자고 일어나면 집값이 오르고 자고 일어나면 또 오르고, 하루에 1천만 원씩, 2천만 원씩 집값이 올랐습니다. 이때는 계약을 하고서도 다음 날 안 판다고, 집값을 올려달라고 연락이 왔을 정도였어요.

상하이는 황포강을 중심으로 해서 포서와 포동으로 나뉩니다. 한국의 강남과 강북을 생각하시면 이해가 편하실 거예요. 2000년대 초반에는 교민들이 포서에 많이 살았습니다. 서쪽에 외국인들만 살 수 있도록 마련한 동네들이 있었거든요. 그러나 2000년 이후에 부동산 투자 허가를 내주면서 개발은 전부 포동 중심으로 되었었죠.

포동의 황포강 주변에 '루자쭈이'라는 곳이 있습니다. 상하이의 랜드마크 '동방명주'가 있는 곳이죠. 주변에 금융 무역구가 있었고, 베드타운은 세기공원 주변에 있었습니다. 그래서 세기공원 쪽에 많은 교민들이 몰려 살았습니다. 황포강 뷰의 아파트들도 굉장히 인기가 있었습니다.

이 황포강 뷰 아파트는 돈 많이 버는 주재원분들이 살았는데, 당시 방 3개짜리 기준 임대금액이 거의 3,000~4,000달러 정도 되었습니다. 당시에 황포강에 있던 분들은 세기공원 쪽으로 잘 안 오려고 하셨습니다. '황포강 쪽이 훨씬 좋은데.'라고 생각을 하시니까요. 하지만 시간이 지나면서 결국 거주하기 편한 곳으로 사람들이 이동하게 되었습니다. 대부분은 세기공원 주변으로 다 이사하셨죠.

한국분들이 세기공원 쪽으로 투자를 하셨는데, 당시 황포강 쪽에 비하면 반값 정도밖에 안 됐습니다. 그 후에 세기공원에 주거지역 형성이 되면서 결국은 집값이 비슷해졌죠.

상하이 고가도로에는 내환선, 중환선, 외환선이 있는데, 각각 집값이 달라요. 해외 부동산을 투자할 때, 초기 시장에서는 제일 핵심 지역을 사

는 것이 핵심 포인트입니다. 만약에 초기에 중환선이나 외환선 바깥으로 나갔다면 많이 기다려야 했을 거예요. 내환선 안쪽 투자는 거의 실패한 케이스가 없었습니다. 딱 한 분 실패하였는데, 내환선 안쪽에 투자를 하셨다가 금방 오르지 않으니까 손해보고 팔아버리셨어요. 마침 그때가 잠깐 정체기였었거든요.

남편이 주재원으로 오셔서 함께 오신 분이 있었습니다. 가계에 도움이 되고 싶은 마음에 투자를 했는데 나중에는 남편 월급보다 본인이 투자해서 번 돈이 더 많았대요. 그래서 나중에 한국에 돌아가게 되었을 때 남편이랑 식구들에게도 칭찬을 받았다고 하십니다. 그래서 저한테 편지를 써주셨어요. '제가 중국에서 돈을 잘 활용해서 집에서 영웅이 되었어요.' 또 다른 분은 아이들을 국제학교에 보내게 돼서 1년에 3만 달러씩 학비로 나갔다고 하십니다. 본인이 3년 동안 그 학비를 냈는데, 나중에 한국으로 돌아갈 때 집을 팔았더니 쓴 학비보다 많은 수익이 나셨다는 분도 있었습니다.

저는 2002년부터 중국 상하이에서 살았고, 2002년에 처음 집을 샀습니다. 138평방짜리 집이 당시에 8천만 원이었습니다. 대출을 70% 받았고, 선수금을 30%를 냈죠. 그러니까 8천만 원의 30%, 약 2천 5백만 원 정도를 투자를 한 것입니다. 18년이 지나서 지금은 그 집이 20억이 되었습니다.

04 중국 부동산을 알면 아시아 부동산이 보인다

당시에는 저가에 저환율이었습니다. 세기공원 주변에 138평방짜리 집 값이 8,000만 원이었는데 환율도 굉장히 낮았습니다. 지금은 중국 인민 폐 대 한국돈이 1:170 정도 되는데 그 당시에는 1:110이었습니다. 한국 에서 중국으로 돈이 넘어갈 때 가치가 훨씬 높았던 거죠. 제가 구매했던 8,000만 원짜리 방이 지금 20억이 된 것은, 170 환율로 환산했을 때 얘 기입니다. 물론 집값 자체로 올랐지만 환율로만 집값이 거의 50% 이상 올랐죠. 저환율과 저가, 가격의 급등을 통해서 투자 수익률이 극대화되 었다고 보면 됩니다.

20년 동안에 굉장히 많은 분들이 아주 다양하게 투자를 하셨습니다. 동쪽은 대부분 포동 안쪽, 1, 2, 3, 4, 5번 쪽에 투자를 많이 하셨죠. 원래 는 내환선, 1번에서 시작을 해서 루자쭈이까지 갔다가 6번, 7번부터 10번 까지 왔다갔다 하면서 투자를 많이 하셨습니다.

나중에는 서쪽으로 훨씬 투자를 많이 하셨는데, 교민들이 사는 곳입니 다. 1번 구베이는 외국인이 많이 몰려 살던 곳, 2번 홍첸루는 한국인들이 가장 많이 몰려사는 동네입니다.

2000년에서 2004년 초기 시장에서는 실패한 케이스가 없었습니다. 실 패한 케이스가 있다면 본인의 판단 미스였고, 흐름을 따라갔다면 성공했 습니다. 그러므로 초기 시장은 아주 좋은 투자처입니다. 1억 정도 투자를 해서 임대를 한 1,500~2,000달러 정도 받을 수 있는 곳에 투자를 하면

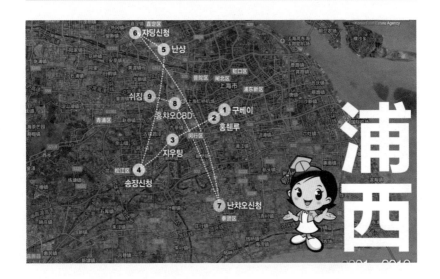

04 중국 부동산을 알면 아시아 부동산이 보인다

좋습니다. 집값도 오르면서 꼬박꼬박 임대수익도 받을 수 있죠. 물론 법이 완성이 안되어서 등기증을 만들 수 없는 리스크가 있는 경우도 있으니, 나라가 정한 법에 저촉되지 않도록 합법적인 범위에서 투자를 해야겠습니다.

첫째, 초기 시장에는 시티 중심 쪽으로 투자를 하세요.

둘째, 리스크가 있으니 잘 알아보고 하세요.

셋째, 혜택이 많으니 무리하지 않는 선에서 적극적으로 참여하세요.

2001~2004년 교민 투자 분석

2001~2004년 교민 투자 분석

★ 부동산 구입 목적: 자가용 < 투자

★ 시대의 흐름: 저환율, 저가, 중국 정부의 부동산 시장 활성화 정책

렌양, 구베이, 루자주이, 훙췐루 일대에서 시작해 포동의 경우 진챠오/비윈 지역까지 확대, 포서는 티엔샨루 지역까지 확대.
교민 투자 지역이 시내(외환선內) 지역이었고, 부동산 가격 급등으로 투자 실패 사례 거의 없음.

저환율+저가+가격급등 = 투자수익률 극대화

중국의 경제도시 상하이

상하이는 중국의 경제도시입니다. 수도는 베이징이죠. 경제도시와 수도가 같은 나라들은 대부분 성장이 가장 빠릅니다. 캄보디아 같은 경우는 프놈펜이 경제도시이자 수도입니다. 그러나 다른 경우 경제도시가 먼저 발전하게 됩니다. 그다음에 수도가 따라오죠. 지금 차이가 나더라도 언젠가는 수도가 경제도시를 따라갑니다. 사회주의 국가는 특히 더 그렇습니다. 국가가 정책을 펼칠 때 도시들의 균형을 맞추려고 하기 때문입니다.

베이징과 상하이만 봐도 그렇습니다. 2005년 기준으로 봤을 때 베이징의 가격이 상하이의 반값밖에 안됐습니다. 그리고 나중에 베이징이 많이 올랐어요. 국제적인 행사, 특히 올림픽이 있었을 때 굉장히 많이 올랐습니다. 이렇게 현재 베이징과 상하이를 비교해봤을 때 같아진다는 것을 기억하세요. 예를 들면 지금 베트남도 호치민과 하노이 가격이 차이 납니다. 그러나 결국 비슷하게 가겠죠.

교민 시장

해외에는 교민 시장과 현지 시장이 따로 있습니다. 중국 사람들이 보는 것과 한국 사람들이 보는 것이 다릅니다.

현지 시장의 경우 시 중심을 좋아합니다. 학교가 어디인가도 중요하게 보는 사항 중에 하나입니다. 집이 얼마나 잘 지어졌는가, 분양 가성비가 좋은가를 생각하기보다는 인프라에 가치를 둡니다. 돈을 2배를 주더라도 인프라가 다 형성된 곳에 집을 구매하려는 경향이 있습니다.

한국인들은 부동산을 보는 눈이 남다른 것 같습니다. 교민 시장에서는 임대가 공실 없이 진행이 되기도 합니다. 신도시 쪽을 선호하죠.

한국인들의 부동산에 대한 기대치는 상당히 높습니다. 구매 후 몇 배가 올라갈 것인가에 관심이 있습니다. 그리고 완성이 된 곳보다 신도시 쪽에 관심이 많습니다. 그에 반해 중국인들의 투자는 큰 기대를 하기보다 은행 이자보다 높으면 투자를 합니다. 비교적 조급하지 않고 필요하다고 생각되면 과감하게 투자를 진행합니다. 그런데 정말 신기한 것은 별 기대를 하지 않고 투자한 중국인이 오히려 머리 써가며 투자한 한국인보다 수익을 많이 올리는 경우도 있다는 것입니다. 원인이 뭘까 생각해보니 자주 사고 파는 게 아니라 가만히 묻어두기 때문에 수익율이 높았던 것 같습니다.

중국인들의 경우 시 중심을 좋아합니다. 좋은 학군이 있는지가 가장 중요하게 생각하는 기준입니다. 일명 학군방은 아주 경쟁이 치열하고 집값이 비쌉니다. 집이 얼마나 잘 지어졌는가, 분양 가성비가 좋은가를 생각하기보다는 주변에 인프라가 완성되어 있는지에 가치를 둡니다. 돈을 2배를 주더라도 인프라가 다 형성된 곳에 집을 구매하려는 경향이 있습니다.

신개발지의 깨끗하고 고급스러운 곳에 분양하는 것보다 조금은 낡았어도 기존의 생활권이 유지되는 곳을 더 비싸게 주고 구매를 하고 있습니다. 그래서 기존 주택의 가격이 잘 떨어지지 않습니다.

그런 반면 한국인들은 부동산 투자를 보는 눈이 중국인보다 좀 빠릅니다. 교민들은 신도시 쪽을 선호하는 편입니다. 중국인들이 인프라가 형성된 곳을 좋아하지만, 한국인들이 먼저 개척하고 선정한 곳을 몇년이 지나면 중국인들도 따라오는 것을 많이 보았습니다.

한국인들이 먼저 가서 좋은 곳을 개척하면 나중에 중국인들에게 대중화되어 집값이 많이 상승하게 되었습니다.

예를 들면, 홍차오 CBD지역도 한국인의 투자가 먼저 시작된 후 나중에 많은 중국인들이 몰렸습니다. 칭푸 지역도 그랬고, 지금 교민들이 많이 살고 있는 홍췐루 지역도 그랬습니다.

한국 교민들이 '이건 된다'고 판단한 것은 기본적으로 잘 됩니다. 교민 시장에서는 임대가 공실 없이 진행이 되기도 합니다. 가끔 저는 한국 교민들은 부동산에 대해서 상당히 타고났구나 생각했습니다.

3 | 중국 부동산의 흐름 ②
2005~2009 : 기회의 시기

이 시기는 폭등과 폭락을 반복했던 시기여서 실패의 사례도 있지만 반대로 기회의 시기이기도 했습니다. 2000~2004년 사이에 성공 사례들을 거울 삼아 2005년~2009년에 위험한 투자들이 늘었습니다. 상하이가 집값이 많이 올랐다고 생각하고, 상하이와 가까운 쿤산이라는 지역에 투자를 많이 했습니다. 그리고 시 중심에 있는 집을 팔고 교외로 투자하기도 했습니다. 그러나 너무 빨랐었던 거죠. 더구나 중국은 도시를 선호합니다. 분양하는 아파트보다 기존 아파트를 더 좋아하는 이유도 인프라를 중요시하기 때문입니다. 2000년대 초에 전매 가능했던 시기에만 분양 아파트를 줄서서 샀습니다.

지금도 기존 아파트의 집값은 떨어지지 않아요. 또 2005년부터 2009년까지는 교민들이 투자만이 아니라 직접 거주를 목적으로도 들어가기 시작했던 시기입니다. 당시 중국이 많이 도시화되기도 했으니, 기존 아파트 값이 계속 올랐습니다. 결국은 해외는 수도나 대도시 외에는 너무 적극적인 투자는 삼가는 것이 좋겠습니다. 실제 투자 수익률은 도심이 훨씬 큽니다. '중국은 이제 끝났다'는 말도 있지만, 실제로는 많이 오르고 있습니다. 베이징, 상하이, 선전은 불패입니다.

게다가 2005년부터 2009년까지 시기에는 폭등과 폭락을 반복했습니다. 계속 오르기만 했었는데, 이 시기에는 집값이 떨어질 때가 있었다는 것입니다. 원래 취득세, 보유세 등 세금이 하나도 없었습니다. 분양권을 따기만 하면 집값이 몇천만 원씩 올랐었죠. 그런데 너무 전매가 성황해서 2005년에 전매금지 제한 조치가 떨어졌습니다. 그리고 취득세 등이 다시 한 번 생기게 되었습니다. 그래도 1%에서 1.5% 정도로 많지는 않았습니다. 당시에 중국은 개방을 하고 있던 시기였기 때문에 규제를 적극적으로 심하게 하진 못했습니다. 그렇게 전매금지 제한 조치를 하기 시작하면서 한창 올라갔던 부동산 시장이 잠깐 떨어졌습니다.

이 뒤에 2008년에는 서브 프라임 모기지 사건이 있었습니다. 중국도 당연히 집값이 많이 떨어졌죠. 그런데 이 시기에 환율이 굉장히 많이 올라갔습니다. 인민폐와 한화가 1:110이었다가 2008년에는 1:220까지 올라갔습니다. 그래서 집을 가지고 있었던 분들 중에 집값이 떨어져 불안에 떨던 차에 환율이 오르니까 '이때다!' 하고 돈을 빼서 한국으로 가신 분들이 많습니다. 그런데 그때 중국이 돈을 4조 원을 풀었습니다. 한창 개방 중이고 경제도 성장하는 시기에 이래서는 안 된다는 판단에 국가가 통제를 한 겁니다. 그 돈이 다 부동산으로 갔죠. 그래서 결국 집값이 2~3배 올랐습니다. 그 전에 한국으로 가셨던 분들이 다시 돌아오기 어려운 상황이 된 거죠. 이 케이스는 완전히 실패라고는 볼 수 없습니다. 아무튼 환율이 좋을 때 가지고 간 것이니까요. 그러나 그 뒤에 집값이 훨씬 오른 것을 보면 성공도 아니었습니다.

반대로 돈을 엄청나게 버신 분들도 있죠. 집값이 폭락을 했을 때, 환율을 보고 많은 분들이 한국으로 떠날 때, 오히려 집을 샀던 분들입니다. '지금 집값이 떨어져도 기본적으로는 오릅니다.'라는 마인드죠. 그 후 몇 개월 사이에 3배는 올랐습니다. 사실 가격이 폭락했다고 해도 2000~2004년 8,000만 원이었던 것보다는 높아서 2억이었습니다. 폭등했을 때는 6억, 10억까지 됐죠. 해외 부동산, 특히 사회주의 국가 같은 경우에는 이런 점을 유의하셔야 합니다. 보통 부동산은 수요와 공급에 따라서 가격이 형성됩니다. 그런데 사회주의 국가에서는 정책이 나옵니다. 수요와 공급의 영향은 받지만 국가가 어떻게 개입하느냐에 따라 달라집니다. 국가가 하지 말라는 것은 하지 말아야 합니다.

그렇게 집값이 2008년에 3배까지 상승을 하다가 2009년에 한차례 떨어집니다. 국가가 엄격하게 규제를 했습니다. 집을 한 채 사면서 대출을 받은 사람은 두 번째 집을 살 때에는 30%까지만 대출을 해준다든지 하는 대출 규제가 생겼습니다. 그래서 이 뒤부터 5~6년간 중국 부동산의 암흑기가 찾아옵니다. 이 시기는 다음 장에서 자세하게 설명하겠습니다. 아주 위험한 시기였습니다. 폭락하는 걸 보면서 '중국은 이제 끝났다' 생각하고 던지신 분들은 손해를 보셨지만 폭등을 활용할 수 있었던 똑똑한 분들도 있었죠. 먼저 진입하는게 꼭 좋은 것이 아닙니다. 어느 정도 거품이 꺼졌을 때, 적절한 시기에 들어갈 때 가장 수익률이 높습니다.

첫째, 시장 변동과 정책에 일희일비하지 마세요.
둘째, 국가 정책 등 조짐과 타이밍을 잘 살피세요.
셋째, 위기를 기회로 활용하세요.

2005~2006 교민 투자 분석

山汉城国际

九亭

★ 부동산 구입 목적: 자가용 ≥ 투자
★ 시대의 흐름: 중국 정부의 부동산 시장 시
　 스템화(규제), 저환율에서 고환율로 전환,
　 부동산 가격 폭락, 폭등 반복

도시 개발 가속화&높은 가격에 대한 부담으로 교민
생활권 확대. 포동의 경우 쨩쨩 이주 가속화, 포서의
경우 지우팅, 송장 등 교외지역까지 확대. 저렴한 가
격의 지방도시 투자붐(쿤산), 교민 생활권을 벗어난
개발호재(엑스포, 따홍챠오) 지역 투자 시작.
부동산 가격 폭락, 폭등 반복으로 단기투자 수익률 급
감, 2007년을 기점으로 투자 실패 사례 등장하기 시작

04　중국 부동산을 알면 아시아 부동산이 보인다

4 | 중국 부동산의 흐름 ③
2010~2015 : 장기 침체기

2010년이면 10년 전이네요. 중국 부동산 시장의 암흑기입니다. 굉장히 괴로웠던 시기죠. 다음 그래프를 보시면 2000년 초반부터 2015년까지 집값이 올랐다 떨어졌다, 정책 우대를 했다 규제를 했다 하는 것을 볼 수 있습니다. 표에는 없지만 2015년 이후는 규제의 시기입니다.

2007~2008년 리먼 브라더스 사건으로, '개방·성장하는 시기에 위기가 오면 안 된다'고 해서 국가에서 돈을 많이 풀었기 때문이에요. 경제 성장률이 좋아서 부동산 투자가 활발해졌습니다. 그런데 건설사들의 투자가 너무 활성화되어서 2010년에는 공급 과잉이 왔습니다. 2010년부터 부동산 규제 정책이 나왔습니다.

노마시안

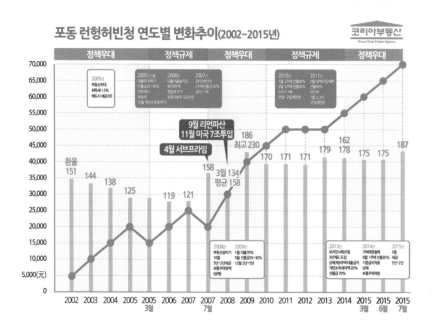

그때부터 시작해서 2015년까지는 전체적으로 부동산 장기 침체 시기입니다. 역대 최장 기간 침체의 시기죠. 이 시기에 투자하셨던 분들 중에 실패 사례도 많이 나왔습니다. 같은 지역에 한 사람은 A아파트를, 다른 한 사람은 B아파트를 샀는데 성공과 실패가 나뉘기도 했습니다. 또 2010년 전에는 무조건 내환선 쪽에 투자했고, 무조건 수익을 얻었습니다. 그런데 2010년부터는 중환선·외환선 밖으로도 투자를 많이 했습니다. 그런데 이때 내환선 안쪽의 돈을 빼서 외곽으로 간 경우에 실패하기도 했습니다. 수요가 없었던 거죠. 이렇게 2010년부터 중국 부동산 투자 100전 100승 시대는 갔습니다.

2010년부터 대출 규제를 했습니다. 집을 살 때 대출액에 따라 집값이 형성되는데, 원래 70~80% 해주던 대출을 50~60%로 낮추었습니다. 그러다 보니까 돈이 많지 않은 사람들은 투자를 하기 어려웠죠.

그리고 2012년에는 상하이의 주택구입을 제한을 하는 정책이 내려왔습니다. 아무나 집을 사지 못하게 됐죠. 외국인을 비롯하여 다른 지역에서 상하이로 들어오려는 사람들은 일정 정도의 퀄리티가 있어야 상하이로 들어올 수 있게 됐습니다. 유입인구 2,500만 명 이상을 넘기지 않겠다는 방침이었죠. 심지어 외국인들의 경우 결혼을 하지 않거나, 상하이에 세금을 5년 이상 납부하지 않으면 전혀 구매를 못하게 했습니다.

이렇게 규제를 하니까 그 당시 이선 도시하고 삼선 도시 쪽으로 투자가 많이 옮겨 갔습니다. 이선 도시와 삼선 도시 중에 직할도시가 있는데, 그 직할시 중 하나인 중경과 실크로드의 시발점인 서안이었습니다. 외곽의 신도시는 많이 떨어지거나 정체를 했습니다.

그리고 이전까지는 폭등하는 때가 있었는데, 이때부터는 급등하지 않았습니다. 상승 속도가 둔화되어 예전과 같은 수익을 올리기 위해 더 오랫동안 기다려야 했습니다.

지금까지 알아본 13년, 2002년부터 2015년을 통틀어서 요약하면 다음과 같습니다.

1. 2009년까지는 투자수익률이 대부분 성공적이었다.
2. 2010년부터는 4년간 중국 부동산에 유례없는 최장기 냉각기였다.
4. 2010~2014년까지는 수익이 나도 수익률이 크지 않았다.
5. 2~3년 만에 2~3배 오르는 사례가 없었다. (앞으로도 힘들다.)
6. 지역에 맞지 않는 상품을 구매했을 시 손실률이 높았다.
7. 긴 침체 기간 팔지 않고 견딘 사람들이 수익률이 높았다.
8. 완전히 투자 목적으로만 하는 경우 실패 사례로 남았다.
9. 부동산 정책을 읽지 못하고 기존 성공 사례에 의존한 투자 시에는 실패 사례로 남았다.
10. 1주택 구입자, 주거 환경 개선으로 집 교체, 투자 후 임대 줄 수요가 공존하는 곳은 수익률이 높았다.

성공적인 부동산

보통 우리가 성공적인 부동산으로 4가지를 이야기합니다.

첫째, 상품이 어떤 것인가?
둘째, 가격이 얼마인가?
셋째, 입주 조건이 어떤가?
넷째, 주변 환경이 어떤가?

이런 조건들은 보고 결정할 수 있지만 변수가 있습니다. 국가 정세, 환율, 정책입니다. 이런 변수들 때문에 실패 사례가 많이 나오는데, 그때그때 잘 관리를 해야 합니다.

중국에 투자한다면 한 가지 주의하셔야 할 점이 있습니다. 중국에서 인정받는 위치가 있다는 것입니다.

상하이는 행정구를 보면 황포구, 징안구, 민항구 등 16개의 구와 한 개의 현이 있습니다. 황포구와 징안구는 넘사벽입니다.

황포구는 와이탄이 있는 곳이며 외국인이 많이 거주합니다. 상하이 임시정부가 있는 곳이기도 하죠. 예전에는 루완구였는데, 루완구가 작아서 황포구와 합병했습니다. 합병 전에는 2배 이상 차이났는데 지금은 똑같아졌죠. 루완구가 돈을 많이 벌었습니다. 징안구에는 징안사라는 큰 절과 난징루가 있습니다.

등기증에 황포구, 징안구가 있으면 굉장히 부자라고 인정을 해주고, 프라이드도 큽니다. 한번 들어가면 나오지 않습니다. 커뮤니티도 내부에서 이뤄집니다. 또 좋은 학교가 있는 지역에 있는 집이라면 다 쓰러져 가는 집이어도 집값이 2~3배는 갑니다. 이렇게 중국에서 인정받는 '위치'가 있습니다.

지금 한국분들이 많이 투자하시는 곳은 사실 베스트로 얘기하는 행정구역 30% 안에 못 들어갑니다. 대부분 중간보다 약간 앞선 단계에 있는 B지역, 구베이나 포동지역에 투자를 많이 했습니다. 중국 사람들은 30% 안의 A그룹에 투자를 많이 했죠.

5 | 중국 부동산의 흐름 ④
2016~2020 : 최근의 부동산

2010년에서 2015년 사이에 규제를 하는 동안 공급이 줄었습니다. 그래서 2015년에는 구매 완화 정책을 발표했습니다. 30~40%였던 대출을 70~80%까지 해주고, 6.95%였던 금리도 4번에 걸쳐 4.5%까지 떨어졌습니다. 많은 분들이 투자를 했고, 집값이 어마어마하게 올랐습니다. 한 1년 만에 집값이 2배 올랐습니다. 자고 일어나면 집값이 오르던 2005년 이후 10년 만에 그런 시기가 온 것이죠. 2010년 상하이 평균 주택가가 한화로 한 평에 1,700만 원이었습니다. 2020년 현재 상하이 평균 주택가는 3,000만 원이 넘습니다. 2020년 8월 기준 3,700만 원입니다.

그런데 사실 집값이 많이 상승하면 경계해야 합니다. 컨설팅을 잘 받아서 가성비가 있는 지역으로 옮겨가야 하죠. 그 당시에 가장 문제점은 땅값이 계속 올랐다는 것입니다. 공급이 부족해서 경매로 많이 낙찰받았습니다. '띠왕' 시대라고도 하는데, 띠왕은 그 지역에서 최고 낙찰가를 경신한 건설사를 말합니다. 최고가를 갱신하는 건설사들이 나올 정도로 공급이 부족했죠. 집보다 땅값이 훨씬 더 비쌌습니다. '밀가루값이 빵값보다 비싸다'는 말도 나왔을 정도입니다.

그래서 2016년에 다시 억제 정책이 나옵니다. '최고', '최대', '최초' 이런 단어를 쓰면 전부 다 몇억씩 벌금을 물리고, 과장광고도 금지했습니다. 마케팅과 홍보에 대한 규제도 많았습니다. '강 경관조망' 이런 말도 못썼습니다. 이때 제일 위험했던 사례가 홍차오 CBD입니다. 6대 중점개발지에 들어갔던 지역이었죠. 2016년 초에 한 아파트가 분양을 했는데 프리미엄이 1억이었습니다. 저는 그런 식으로 올라가면 굉장히 위험하다는 생각에 개입을 하지 않았는데, 바로 그 다음 달에 부동산 규제 정책이 나왔죠. 가격을 함부로 올리는 회사의 땅을 국가가 전부 회수하겠다고 정책을 내렸습니다. 분양가를 5% 이상이나 이하로 가격을 변경하지 못하게 하는 제도가 이때 생겼습니다. 굉장히 건강한 흐름이었죠.

띠왕 시대에는 내 집 마련을 하기 위한 젊은층의 수요가 많았습니다. 그때 집을 산 청년들이 아직 가지고 있는 경우가 많아요. 주로 칭푸, 펑시엔, 진산, 린강 등 마스터 플랜에 들어가는 신도시 위주였죠. 띠왕이 올려놓은 것을 사지 않고, 띠왕이 생기기 전에 개발했던 지역을 최저의

금액으로 샀습니다. 이후에 규제를 해서 많이 오르지는 않았지만 좋은 상품이어서 떨어지지도 않았습니다. 우대정책이 나오는 시기에 큰 혜택을 보리라 예측합니다.

이후로는 '부동산은 거주를 위한 것이지 투자를 위한 것이 아니다.'라는 당시 주석의 방침 아래, 부동산 흐름은 완만하게 갔습니다. 외국인 완화 정책이 나왔을 때는 예전에는 외국인도 사회보험 등을 2년만 잘 내면 구매를 할 수 있었는데, 2016년~2017년부터는 5년은 해야 된다고 규제를 시작했습니다. 70~80% 하던 대출도 30~40%만 내줄 수 있다고 바뀌었죠. 현금 여력이 없던 분들은 투자하기 어려워졌던 시기입니다. 이 시기에 중국에 투자가 어려워진 한국 교민들이 동남아시아 쪽으로 눈을 많이 돌렸습니다.

최근에는 코로나 사태 때문에 많은 돈이 풀렸습니다. 그리고 얼마 전에 열린 양회에서 특별한 변화가 없었기 때문에, 최근 4~5년 사이에 가장 활발한 투자가 가장 활발합니다. 집값이 조금씩 올라가기도 하니 지금 가장 핫한 상황이죠.

다음 표는 여태까지 투자수익률을 정리한 것입니다. 2002년부터 2년 동안 투자하고 판매했던 집의 수익률이 666%죠. 모두 내환선 이내입니다. 중심에 들어간 투자이기 때문에 어떤 분은 2004년부터 6년 동안 투자해서 333% 나왔습니다. 2005년부터 7년 동안 투자한 곳은 1,211%가

나왔습니다. 수익률이. 어떤 것은 2006년에서 7년 가까이 했는데 600% 가까이 나온 분들도 있습니다.

포동 지역 교민 투자 사례

포동지역 교민투자 사례

코리아부동산

투자 / 매물	박○○님	정○○님	임○○님	김○○님	이○○님	이○○님	이○○님	이○○님	박○○님
	대당성세	스마오빈장	제9성시	롄양년화	포동련항	스마오후빈	성시경전	진이허판	런항2기
환선	내환이내	내환이내	내환이내	내환이내	내환이내	내환~중환	중환~외환	중환~외환	내환이내
투자시기	2002. 5월	2004. 10월	2005. 5월	2006. 5월	2007. 1월	2008. 7월	2009. 11월	2010. 3월	2011
평방	137평방	125평방	177평방	159.11평방	166평방	213평방	168평방	140평방	197평방
구매가격	60만 구매	300만 구매	150만 구매	215만 구매	300만 구매	586만 구매	320만 구매	216만 구매	1227만 구매
현금투자	18만	90만	45만	65만	90만	206만	128만	78만	1227만
대출	대출 42만	대출 210만	대출 105만	대출 150만	대출 210만	대출 380만	대출 192만	대출 138만	대출 0
매각시기	2004.8월	2010.5월	2012.9월	2013.6월	2015.6월	2015.7월	2015.4월	2014.6월	2015.6월
매각금액	180만 매각	600만 매각	695만 매각	650만 매각	915만 매각	1000만 매각	568만 매각	478만 매각	1450만 매각
대출상환	42만 상환	210만 상환	105만 상환	150만 상환	210만 상환	380만 상환	192만 상환	138만 상환	0
현금수령	138만 수령	390만 수령	590만 수령	435만 수령	705만 수령	620만 수령	376만수령	340만수령	1450만
투자기간	2년간 투자	6년간 투자	7년간 투자	7년간 투자	8년간 투자	7년간 투자	6년간 투자	5년간 투자	5년간 투자
순수익금액	120만	300만	545만	370만	615만	414만	248만	262만	223만
수익률(%)	666	333	1211	569	683	200	193	335	18

실패사례로 꼽을 만한 것이 수익률 200%, 193%, 18%입니다. 18% 의 경우는 내환 이내에 샀지만 조금 늦게 샀어요. 투기 시기가 2009년, 2010년, 2011년으로 갈수록 수익률이 적어지는 것을 보실 수 있습니다. 2009년에 샀다가 2015년에 팔았다면 최악의 침체기 때 팔았으니 수익률 이 낮을 수밖에 없죠.

상해 뉴타운, 신도시 교민 투자 사례

상해 뉴타운·신도시 교민투자 사례　　　　코리아부동산

투자 / 매물	장OO님	전OO님	전OO님	정OO님	정OO님	김OO님	배OO님
	포서 난상 화룬	포서 송장	포서 난상진띠5기	포서 환차오빌장	포서 난상진띠	포서 자딩	포서 난상
환선	외환밖	외환밖	외환밖	외환밖	외환밖	외환밖	외환밖
투자시기	2011. 7월	2009년	2010	2010. 9월	2010. 12월	2010. 11월	2011. 7월
평방	93평방	90평방	89평방	290평방	127평방	138평방	140평방
구매가격	260만 구매	63만	155만	780만 구매	250만 구매	195만 구매	365만구매
현금투자	투자 78만	투자 20만	투자 47만	투자 280만	투자 75만	투자 195만	투자 109만
대출	대출 182만	대출 43만	대출 110만	대출 500만	대출 175만	대출 0	대출256만
매각시기	2014. 3월	2012. 7월	2015. 6월	2015. 4월	2013. 2월	2015. 4월	2015. 7월
매각금액	220만 매각	190만 매각	260만 매각	1135만 매각	260만 매각	228만 매각	375만 매각
대출상환	182만 상환	43만 상환	110만 상환	500만 상환	0	0	256만 상환
현금수령	38만 수령	147만 수령	150만 수령	635만 수령	85만 수령	228만 수령	119만 수령
투자기간	3년간 투자	3년간 투자	5년간 투자	5년간 투자	3년간 투자	5년간 투자	4년간 투자
순수익금액	마이너스 40만	127만	103만	355만	10만	33만	10만
수익률(%)	-0.48	635	219	126	13	16	9

　위는 신도시 쪽의 투자수익률을 정리한 표입니다. -0.48%와 600%의 차이가 뭘까요? 크기입니다. 작은 물건을 사서 성공하신 겁니다. 특별히 다 실패를 한 것으로 나오는 이유는 2009~2010년에 샀다가 2015년에 팔았기 때문입니다. 그리고 2015년 3월부터 완화정책 때문에 집값이 많이 뛰었습니다. 수익률은 200~1,200% 정도일 것 같습니다. 다만 기간은 좀 더 길어졌죠. 2년, 6년이 아니라 10년 정도 기다려야 합니다. 장기적으로 보실수록 수익률이 오르는 것이 최근의 상황입니다.

　중국은 부동산 침체기, 관망기에 있습니다. 현재진행형입니다. 그러나

노마시안

코로나 때문에 돈도 많이 풀린 점, 수요가 많아 기본적인 구매는 활발한 점, 부동산 평균 가격이 높아진 점, 기간은 길어졌지만 투자수익률은 높은 점에 주목해주세요. 2020년 이후는 어떻게 될지 기대됩니다.

공부를 많이 하십시오. 해외로 파견되어 오셨던 분들이 피드백을 주신 것이 있습니다. 이분들이 돈을 많이 쓰시고 한국으로 돌아가셨는데 남은 것이 없다고 하셨습니다. 한국에서 직장 다니던 사람들은 한국에서 투자해서 돈을 벌었는데, 본인들은 쓰기만 하고 투자를 못하셨다는 거죠. 한국에 있든 해외에 있든 가지고 있는 돈을 활용하기 위한 공부를 하고, 자산을 늘려가시면 좋겠습니다. 중국처럼 기본적인 제도나 인프라가 되어 있는 나라라면 어떤 나라에 가든 그 나라에 작은 것이라도 투자를 하십시오.

2016~2020년 교민 투자 분석

2016-2017 자가용 > 투자

띠왕(地王) 시대 부동산 가격 급등 후 정부의 대대적인 부동산 규제 정책
2030세대 내 집 마련을 위해 칭푸, 펑시엔, 진산, 린강 등 교외 지역 내 중점 개발 지역 주택 구입 활발(2035 마스터플랜)

정부의 대대적인 부동산 규제 정책 시작
(시진핑 주석 '부동산은 거주를 위한 것이지 투기를 위한 것이 아니다')

2016-2017년 나온 정책이: 외지인 사회보험 2->5,
선불금 35%로 조정, 토지 경매 과열 방지 등등

2018-2020 해외부동산 투자 집중으로 상해 부동산 투자 중단

이 시기는 2016년 나온 각종 규제정책 때문에
가격 정체 현상이 두드러짐

중국의 부동산 흐름 리뷰

2001년부터 2004년까지는 집값이 오르는 시기라서 활황기였습니다. 당시 제일 큰 리스크는 '중국이 사회주의 국가라서 국가가 몰수를 하지 않을까? 재산을 몰수 당하지 않을까? 빌리는 것이니까 혹시라도 땅을 내놓으라고 하면 재산이 없어지지 않을까?' 였습니다. 적극적으로 투자를 못하는 분들도 있었죠.

가장 중요한 흐름은 가격이 저렴했다는 것입니다. 다른 해외 부동산은 미래에 집값이 오를 것을 다 감안해서 시작점 가격을 책정을 하는 경우가 있었는데, 당시엔 그렇지 않았습니다. 환율도 저렴했고, 부동산 우대 정책을 펼치는 시기여서 투자수익을 극대화하는 데 도움이 됐습니다. 투자 실패 사례는 거의 없다고 보시면 됩니다.

2005년부터 2009년까지는 본격적으로 한국분들이 중국에 거주를 시작하는 시기였습니다. 투자 목적보다는 실거주 목적으로 구매를 했던 때입니다. 정부에서 규제를 시작해서 취득세도 생기고 전매가 금지되었죠.

환율도 170까지 올라가면서 집값이 왔다 갔다 했습니다. 또 이 시기에는 그 전에 했던 단기 투자의 맛을 보셨던 분들이 잘못된 생각을 가지고 교외에 투자했다가 실패 사례가 속출하기 시작했어요. 교외 지역으로 많이 투자를 했던 시기이기도 합니다.

2010년부터 2015년은 장기 침체기였습니다. 2007~2008년 리먼 브라더스 사건으로, 국가가 개입하기 시작해 결과적으로 공급 과잉이 나타났죠. 결국 규제를 하기 시작했어요. 예전처럼 몇 배씩 집값이 뛰는 경우가 없어졌습니다. 이때 긴 침체 기간을 잘 견뎌서 팔지 않은 사람들의 수익률이 높았고, 완전히 투자 목적으로만 해서 단기적으로 사고팔았던 경우가 실패 사례로 남았습니다.

05

NOMA
SIAN
LIFE
STYLE

유럽에서 출발한 경제 발전의 축은 미국과 중국을 건너 아시아로 향하고 있습니다. 지난 30년간 아시아는 폭발적인 소비 증가와 무역, 자본, 인력, 혁신 다방면에 걸친 글로벌 경제의 결합으로 급부상했습니다. 이제는 아시아가 얼마나 빨리 부상할 것인지가 아닌, 아시아가 어떻게 세계 시장을 선도할 것인지가 화두입니다. 도전하고 개척하는 삶은 소중하고 귀합니다. 노마시안은 마지막 남은 기회의 땅, 아시아에서 도전하는 그룹입니다.

이제 **코리안**이 아니라
노마시안으로 **살아가라**

1 │ 지금의 아시아는
세계의 '성장엔진'이다

워런 버핏, 조지 소로스와 함께 '세계 3대 투자가'로 잘 알려진 짐 로저스는 세계의 부채는 서양에, 자산은 동양에 있다고 본다고 했습니다. 글로벌 컨설팅 전문업체인 맥킨지&컴퍼니는 2019년 7월 발간한 「아시아의 미래(Asia's future is now) 보고서」를 통해 2040년에는 아시아가 전 세계 국내총생산(GDP)의 50% 이상을 차지할 것이라고 이야기했죠. 아시아 국가들은 경제 규모뿐만 아니라 무역, 선도 기업 수, 인터넷 사용자 수, 소비 규모 등 모든 영역에서 성장세를 지속하고 있습니다.

20대에 중국에 와서 현재 40대가 된 지인의 이야기입니다. 15년 전 처음 중국에 갔을 때, 같이 살던 룸메이트들한테 밥을 먹이며 다녔는데, 지금은 그 친구들한테 밥을 얻어먹는다고 합니다. 중국 기업의 급여 수준 등이 옛날에 비해서 빠른 속도로 올라갔다는 거죠. 옛날에는 중국 사람들이 한국에 와서 막노동하고 그랬습니다. 예전에 교수님들이 10년, 20년 지나면 한국 사람이 중국 가서 돈 벌어야 된다고 얘기하셨는데 정말 그런 시대가 오고 있습니다.

이제 세계 경제 중심이 아시아로 이동함에 따라 글로벌 경제, 아시아 국가, 기업 및 소비자에게 큰 성장 기회가 도래할 것입니다.

지난 30년간 아시아는 폭발적인 소비 증가와 무역, 자본, 인력, 혁신 다방면에 걸친 글로벌 경제의 결합으로 급부상했습니다. 『2020 한국이 열광한 세계 트렌드』에서 소개하는 36개 도시 중 15개 도시가 아시아에 위치해 있습니다. 상하이, 베이징은 물론 하노이, 방콕, 쿠알라룸푸르 등이 포함되어 있죠. 이제는 아시아가 얼마나 빨리 부상할 것인지가 아닌, 아시아가 어떻게 세계 시장을 선도할 것인지가 화두입니다.

저는 최근 5년, 10년을 중국에 있었으니까 아시아의 다른 나라보다는 중국을 보면서 많이 느꼈습니다. 예를 들어서 IT 기업들의 성장입니다. 알리바바, 텐센트, 바이두 같은 기업들이 자라면서 삶에 실제적으로 변화를 주고 있습니다. 10년 전에는 지갑에 현금을 넣어서 다녔는데, 지금은 현금은커녕 지갑도 없이 핸드폰만 있으면 뭐든 할 수 있게 되었습니다. 오히려 이런 것은 한국보다 빠릅니다. 최근에 이슈가 되는 틱톡, 빠르게 성장한 화웨이 등 5년 전만 해도 못 들어봤던 회사들이었는데 무섭게 성장하고 있죠. 중국에 살면서 직접 경험하다 보니 '정말 아시아의 위상이 커졌구나.' 하는 생각이 들죠.

중국뿐만 아니라 아시아 국가와 기업들은 무역 및 글로벌화 트렌드의 흐름을 바꾸고 전 세계 기업의 경쟁 환경도 변모시키고 있습니다. 디지털 혁신으로 미래를 주도하고, 새로운 소비자층을 늘리며 글로벌 소비를 견인하고 있습니다. 급성장하는 모바일과 SNS로 경제 발전속도가 이전보다 빨라져서 선진 문화나 경제를 앞서가던 우리가 가서 기회를 볼 수 있는 시기가 점점 주기가 짧아질 것으로 보입니다.

가장 큰 실감은 노마시안의 무대가 중국에서 동남아시아로 바뀌고 있다는 것입니다. 간접적으로도 주변의 많은 저희 업계의 많은 사람들의 이동 무대가 동남아시아로 넘어가고 있습니다.

처음에 일대일로를 접했을 때는 시베리아를 건너서 유럽 쪽으로 많이 들었었는데, 최근에 일대일로는 동남아시아로 내려갑니다. 한국 같은 경우도 신남방정책이라고 해서 동남아시아를 전략적으로 다루고 있죠. 동남아시아가 우리나라에게는 큰 무역 파트너라고 하더라고요. 무역량도 옛날에는 중국하고 미국, 유럽 쪽이 컸다면 지금은 동남아시아, 베트남을 포함해서 이런 나라들과 무역량이 커지고 있는 것을 보니 '확실히 흐름이 동남아시아로 가고 있구나.' 하는 생각이 듭니다.

302

노마시안

05 이제 코리안이 아니라 노마시안으로 살아가라

2 | 성장률 6~8%대 개발도상국을 주목하라

국가 경제 발전 축은 유럽에서 출발하여 미국으로 갔다가 1980년대에 아시아로 향합니다. 당시 중국은 대한민국, 홍콩, 싱가포르와 함께 아시아 4마리의 용이라고 불렸죠. 그리고 그 축이 지금은 동남아시아에 오고 있습니다.

이것을 객관적으로 볼 수 있는 지표가 GDP 성장률입니다. 중국은 2006년까지만 해도 성장률 8%를 유지했습니다. 그러나 점점 7%, 6%대로 점점 떨어지고 있습니다. 그러나 동남아시아에 있는 개발도상국들, 즉 말레이시아, 베트남, 캄보디아, 라오스, 미얀마 등의 성장률은 지금도 6~8%대입니다. 자연스럽게 전 세계의 자금이 몰리고 있습니다. 그렇게 경제 축이 남쪽으로 이동하고 있죠.

싱가포르는 과거에 기회가 거의 안 보이던 나라였습니다. 임대수익률도 1~2%대로 낮고, '정부가 (특히 외국 사람들이) 부동산을 통해서 돈을 버는 것을 원하지 않는다'는 인상이 컸어요. 부동산이 주거에 포커스가 맞춰져 있는 것 같습니다. 70%의 사람들은 공공주택에 살고 나머지 30%의 주택을 상류층들이 사고팝니다. 부동산 제도가 워낙 잘되어 있어요. 비집고 들어갈 틈이 없다고 생각될 정도로 성숙되어 있죠.

2030년까지의 도시계획자료를 보면 싱가포르가 요즘에 고민하는 부분이 드러납니다. 인구 감소, 노령화에 대한 문제, 지금 있는 주택의 노화에 대한 대비들. 싱가포르도 신도시를 계획하고 있습니다.

말레이시아는 조호바루를 싱가포르 지역과 공동으로 10년 이상 개발했습니다. 최근까지도 키우고 있어요. 그런데 사람들이 유입되는 속도가 개발되는 속도를 따라가지 못하고 있습니다. 싱가포르 사람들에게 상당 부분 의지하고 있는데, 코로나로 직격탄을 맞았거든요. 코로나가 진정된 후를 봐야겠습니다.

지역이 개발되면 인프라가 나중에 들어오는데, 말레이시아는 인프라를 먼저 다 만들어놓습니다. 들어가기만 하면 누리고 살 수 있게 합니다. 그래서 말레이시아 투자는 주거를 병행하면서 해도 아주 좋습니다. 주거가 90%예요. 나머지 10%를 임대수익이나 시세차익으로 합니다. 직접 거주하지 않는 말레이시아 투자는 큰 의미는 없을 정도입니다.

베트남은 한국 부동산의 많은 부분들이 가미가 된 시장입니다. 돈을 버신 분도 있지만 여러 진통을 겪고 있는 것 같아요. 하노이나 호치민의 시차를 충분히 보면 좋은 기회를 얻을 수 있지 않을까 생각합니다.

태국은 여행과 밀접한 관광지 중심의 부동산 상품들이 많았습니다. 그래서 코로나로 직격탄을 맞았습니다. 관광에 의존하고 있는 도시는 투자하실 때 많이 검토해야겠습니다. 그 나라 비즈니스의 중심이 되는 도시에 투자하시는 것이 안전한 길입니다.

인도네시아는 경제 발전 속도를 봤을 때 충분한 매력이 잠재되어 있는 투자처입니다. 동남아시아에서 인구가 가장 많기도 하고요. 수도 이전이 굉장히 큰 이슈이지만 장기 안목을 가지고 지켜봐야 합니다.

제일 기회가 많은 것은 개발도상국입니다. 꾸준히 7~8%대 GDP 성장률을 유지하는 나라들의 부동산 시장이 최근에 본격적으로 커지고 있습니다.

초창기에는 외국 자본에 의해 돌아가게 됩니다. 베트남은 한국 자본에 의해서 돌아가고, 캄보디아나 태국은 중국 자본이 많이 들어가서 개발된 시장이죠. 이런 지역에서 기회를 찾아보는 것도 좋겠습니다.

한국과 중국의 부동산에서 경험했던 성공사례와 실패사례를 잘 리마인드 해보고 적용하면 투자에 굉장히 큰 도움이 될 것입니다.

그리고 미얀마, 라오스 쪽에 투자를 하려는 분들 중에 국내 기업 베이스를 가지고 계신 분이 많습니다. 한국 사람이 한다고 해서 믿고 따라가기보다는 그 나라 전체적인 개발 계획이나 입지를 확인하셔야겠습니다. 여러 채널을 통해서 팩트 체크, 크로스 체크하시길 당부드립니다.

베트남 거리

말레이시아 글렌이글스 병원

싱가포르 무스타파 쇼핑

캄보디아 이온몰

05 이제 코리안이 아니라 노마시안으로 살아가라

3 | 아시아 미래 예측 3가지 키워드

첫째, 아시아는 세계 경제의 최대 무대가 될 것입니다. 기존에 '아시아' 하면 일본, 한국, 중국, 그다음이 동남아시아였습니다. 그 순서대로 기회가 온 것이고, 지금 기회가 있는 곳은 동남아시아입니다.

못살았던 나라일수록 경제 개발이 시작됐을 때의 성장률은 높을 수밖에 없습니다. 똑같이 GDP 1천 달러가 올라도, GDP 1천 달러인 나라가 2천 달러 되는 것과 1만 달러인 나라가 1만 1천 달러 되는 것은 차원이 다른 얘기입니다. 지금 전 세계적으로 높은 성장률을 기록하고 있는 나라들은 대부분 동남아시아에 있습니다. 성장률이 높다는 것은 경제적으로 봤을 때, 내가 뭔가 투자했을 때 얻을 수 있는 것이 크다는 의미죠. 돈이 모이면 그 안에 사람들도 모이고, 인재들도 모이고, 기회도 있고, 계속 비즈니스가 창출됩니다. 그런 측면에서는 동남아시아는 인도, 중국을 포함하면 전 세계 절반의 인구가 몰려 있는 경제권이기 때문에 무궁무진합니다. 지금도 일본과 중국이 긴밀하게 연결되고 있고, 동남아시아권까지 가세해서 하나의 큰 경제권으로 묶이고 있습니다. 지금 전 세계에서 가장 큰 FTA입니다.

아시아가 세계 경제를 주도하는, 큰 무대가 될 것입니다. 아시아가 세계 경제를 끌고 간다는 의미보다는 아시아가 세계 경제에 가장 큰 무대가 될 것이라는 뜻입니다. 더 오래될 수도 있지만, 아시아는 적어도 10년, 20년간 세계 경제에서 최대 무대가 될 것입니다. 경제 발전의 축이 장기간 동남아시아 주변으로 모이게 될 겁니다.

둘째, 동남아시아는 이제 1일 생활권으로 초연결화될 것입니다. 중국의 일대일로 영향으로 고속철도로 국가들이 연결되면서 이동시간 및 거리가 단축되어 새로운 라이프스타일이 생길 것입니다.

동남아시아 안에서 다른 나라로 넘어갈 때 인접 국가들의 경우에는 육로를 통해서 가는 길들이 있습니다. 그런데 캄보디아에서 베트남은 거리상으로 220km인데 실제로 버스 타면 8~9시간 걸립니다. 가깝지만 도로사정이 좋지 않아서죠. 그래서 거의 대부분 비행기 타고 가게 되는데, 시간도 걸리고 절차가 많으니까 복잡합니다.

시간 낭비가 가장 큰 문제입니다. 상하이에서 베이징까지 5시간 걸리는데, 제일 오래 걸렸을 때가 완행열차로 24시간이었습니다. 5일 출장을 가는데 이동에만 이틀이 소요되는 겁니다.

2021년까지 중국-라오스 간 기차가 개통이 됩니다. 2020년 말에는 비엔티안까지의 고속도로가 개통이 됩니다. 공사가 계속 진행되고 있었고, 올해부터 내후년 태국까지 연결돼서 순차적으로 진행이 된다고 합니다. 완공까지 5년 정도 바라보고 있습니다.

동남아시아 최북단부터 최남단까지 2,000km가 안 됩니다. 지금 중국에서는 2,000km 되는 거리를 6~7시간이면 갑니다. 인프라만 갖춰지면 동남아시아 전체가 1일 생활권 안에 들어올 수 있는 것입니다. 반나절 생활권이죠. 아침에 상하이에서 일어나서, 점심에는 라오스 공장에서 일 보고, 베트남에서 미팅하고, 저녁에 다시 상하이에 돌아올 수도 있게 됩

니다. 이밖에도 교육, 레저, 의료
등 다양한 분야에서 이점이 있겠
죠.

중국은 베이징과 선양 등에서
백두산까지 가는 데 시간을 단축
할 수 있는 고속철도 건설을 시
작했습니다.

랴오닝성 선양과 백두산 인근
인 지린성 바이허를 잇는 선바이
고속철도는 최근 착공식을 치렀
으며, 2025년 완공 예정입니다.

선양에서 푸순, 통화, 바이산, 옌볜 자치주 등을 거치는 428.2km 구간
인데, 고속철은 시속 350km입니다. 선양에서 백두산까지 1시간이면 도
착하는 속도죠. 고속철도가 완공되면 백두산 관광도 활성화될 뿐만 아니
라 일대일로 건설과 동북3성 지역의 융합에도 좋은 영향을 끼칠 것입니
다.

가장 중요한 것이 있습니다. 아세안 10개국 전부 다른 특징들과 장점
들을 가지고 있다는 점입니다. 예를 들어 베트남은 경제 발전도 빠르고

인구도 많지만 자연환경이나 교육적인 부분에서 부족한 부분이 있습니다. 그런 부족한 부분을 다른 나라에서 채울 수 있다면 좋겠죠. 말레이시아로 학교를 다닌다거나, 방학을 이용해서 서머 스쿨이나 윈터 스쿨을 다닐 수 있을 것입니다. 또 예를 들어 호치민에 한국 교민들이 많습니다. 계속 늘고 있는데 한국 학교가 적어서 학생들을 전부 수용하지 못하고 있습니다. 반면 말레이시아는 학생이 적어서 그쪽으로 가면 더 좋은 교육을 받을 수 있겠죠.

반면 말레이시아는 일자리가 많은데 일할 사람이 없다고 합니다. 특히 고등교육을 받은 관리자 급의 인재들이 부족한데 취업 걱정을 하는 다른 나라 청년들이 오고 간다면 좋은 기회가 될 것입니다.

셋째, 동남아시아 국가들이 중국과 미국의 힘의 대결의 무대가 될 것입니다. 지금 미국과 계속 중국하고 싸우는 이유는 중국이 위협적인 존재가 됐기 때문입니다. 경제 성장이 빠른 데다 엄청난 인구가 있죠. 미국과 세계 1, 2위를 다투는 나라가 되었습니다. 강대국들은 세계의 무대에서 힘의 대결을 할 수밖에 없습니다. 지금까지 중국과 미국이 대결했던 대표적인 곳이 한반도였습니다. 계속해서 북한과 이슈가 있고, 미국한테는 안보적으로 중요한 곳이기 때문입니다. 한반도는 안보적인 무대였지만 경제적인 대결의 무대는 동남아시아가 될 것입니다.

중국은 끊임없이 영향력을 행사하려고 하고, 미국은 필사적으로 견제

하고 있습니다. 트럼프 행정부와 중국 정부 양측이 아세안(ASEAN · 동남아시아국가연합)을 중심으로 동남아 지역 포섭에 공을 들여왔습니다. 태국과 베트남, 인도네시아, 싱가포르 등을 중요한 파트너로 꼽고 있습니다. 일단 베트남은 미국이 중국을 견제한다는 의미입니다. 동남아시아 나라 중 반중노선을 택하는 나라가 베트남이기 때문이죠. 싱가포르는 미국의 정치 체계를 따르고 있는 나라이기도 하고, 동남아시아에서는 발전된 나라로 꼽혀서 발언권이 세기도 합니다. 인도네시아는 인구가 2억 5천입니다. 동남아시아에서 가장 큰 시장이므로 미국에게도 중요한 시장이죠. 태국은 일본과 친합니다. 일본은 미국과 같은 배를 타고 있으니 태국에게 미국이 더 중요하죠.

그런데 정작 미국에 대한 동남아 각국의 반응은 미적지근하다고 합니다. 트럼프가 집권한 4년 동안 동남아시아에 대해서 철저하게 무관심으로 일관했기 때문입니다. 그동안 동남아시아에는 많은 변화가 있었습니다. 정치적 · 경제적인 변화가 많았는데도 미국이 어떤 액션도 없었습니다. 이제 미국 행정부가 바뀌면 동남아에 대한 전략적인 액션을 취하지 않을까 예측하지만, 지금은 불확실하기 때문에 반응을 적극적으로 하지 않는 것으로 보입니다.

이렇게 동남아에 미국과 중국이 관심을 가지고, 본격적으로 경쟁을 하게 되면 새로운 기회가 열릴 겁니다. 사실 미국과 중국에 아세안의 각 나라가 1:1로 붙기에는 역부족입니다. 그러나 아세안이라는 연합체로 뭉치

05   이제 코리안이 아니라 노마시안으로 살아가라

면 발언권이 생기겠죠. 그래서 지금 아세안 10개국의 관계가 좀더 돈독해지고 있습니다. 그러나 그 안에서도 각국의 입장이 다릅니다. 기본적으로 중국 일대일로의 흐름을 따라가고 있기는 하지만 이에 대한 온도차가 있습니다. 희망하지 않기도 하고, 일부만 받아들이기도 하죠. 각 국이 어떤 전략을 취하느냐를 살펴보는 것도 투자 시 의미 있는 일이겠습니다.

첫째, 아시아가 세계 경제 최대 무대가 될 것이다.
둘째, 동남아가 일일 생활권이 될 것이다.
셋째, 중국과 미국의 대결 구도의 무대가 될 것이다.

317

4 | 이제 세계로 나와 노마시안으로 살아가라

20대에 한국에서 명문대를 졸업하고, 중국에 와서 중국인과 가정을 꾸린 현재 15년차 노마시안분의 이야기입니다.

"처음 중국에 왔을 때, 저는 제가 뒤처진다는 생각을 했습니다. 제 또래 친구들은 전부 졸업해서 취업하고 결혼해서 아이 낳고 집 사는, 안정적인 루트를 타려고 노력하고 있었기 때문입니다. 저는 휴학하고 중국에 언어를 배우려고 나와 있는 상태였습니다. 다들 졸업해서 어디론가 달려가는데 그때까지 공부하면서 이제야 뭔가 시작하려는 시기였어요. 지금 생각해보면 그때가 노마시안으로서 제 삶의 시작이었습니다. 공부를 마치고 직장을 갖고 제가 원하는 일들을 하면서 행복하게 지내고 있습니다. 경제적인 면에서도 많은 기회를 얻었죠. 오히려 제 무대가 중국, 그리고 아시아였기 때문에 새로운 기회를 접할 수 있었습니다. 당시에 열심히 달렸던 친구들 중에 벽을 뚫지 못해서 좌절하는 친구도, 어려워진 친구도 많습니다. 지금은 반대로 친구들이 저를 정말 많이 부러워하죠."

조금이라도 체력이 남아 있을 때 도전하고 움직여야 합니다. 움직이고 나서도 도착하기 전까지는 보이지 않습니다. 그래서 출발하고 나서도 막막할 수 있어요. 하지만 도착해보니 훨씬 더 많은 것들이 보였습니다. 이런 경험에 공감하시는 분들이 저 혼자만이 아닙니다. 수백만 명의 노마시안들이 경험하고 매일매일 성공사례를 만들면서 살아가고 있습니다.

만약 한국에 남아 있다가 지금 나이에 다른 나라로 떠나라고 하면 고민될 것 같습니다. 익숙해진 장소를 벗어나서 떠나는 것 자체가 힘듭니다. 국내의 다른 도시로 가는 것도 쉽지 않은데 다른 나라라면 더 두려울 겁니다. 여행으로 잠깐 왔다가 가는 것이 아니라 뿌리까지 내려야 하니까요. 사실 비즈니스, 직장, 학업과 같은 이유가 아니면 동기를 찾기가 힘들기도 합니다.

'나 편한 데서 살아야지.' 이런 생각을 하기보다는 새로운 곳으로 가세요. 그때 우리가 한국 사람으로서, 내가 가지고 있는 재능을 사용할 수 있는 기회가 점점 더 많아집니다. 한국은 워낙 똑똑하신 분이 너무 많아 경쟁이 치열하고 수준이 굉장히 높습니다. 그런데 이것을 활용하는 공간이 너무 좁아서 다 발휘하지 못하고 있습니다. 하지만 그것을 세계로 가지고 나오면 나의 재능과 은사가 필요한 나라들이 보입니다.

저는 젊었을 때 뭣 모르고 왔지만, 중년을 넘긴 분들이라면 정말 큰 용기를 내셔야 함을 압니다. 그러나 그 용기가 여러분의, 여러분 자녀의 인생을 바꿀 것입니다. 제 아이들은 저를 따라서 노마시안의 삶을 살게 되었고 한국에서 자라는 또래 아이들과는 완전히 다른 삶을 살고 있습니다. 망설여진다면 다음 세대, 우리 자녀들을 위해 떠나보시는 것도 좋겠습니다.

며칠 전에 어떤 분이 오셨는데 중국에서 30년 살면서 굉장히 성공하신 분이었습니다. 전에 대기업에 다니셨는데 아직도 대기업에서 계속 중요한 업무를 하면서 중국 내에서 엄청나게 성공했더라고요. 중국 기업에 투자하는 일을 하셨고 이익을 많이 보셨다고 했습니다.

그리고 다시 중국 우량 기업에 투자하실 거라고 했는데 너무 자랑스러웠습니다. 그런데 이제는 중국에서 일하는 게 지겹다고 하셨습니다. 엄청나게 많이 이익을 본 거죠. 그런 사업을 많이 했더라고요. 그런데 이제는 다 지겹다고 하세요. 그래서 제가 그랬습니다.

"아니, 이제는 지겹다고 하면 어떻게 해요? 그동안 배운 노하우, 인사이트는 어떻게 하고요?"

중국에서 법적인 분쟁이나 갈등도 많이 경험하셨을 테고, 인사이트도 클 텐데! 저는 그분을 우리회사의 멘토로 초대를 해야겠다고 생각했습니다. 그런 분들이 머무르지 않고, 혹은 떠나버리지 않고 젊은 노마시안들에게 힘이 되어주고, 길이 되어줘야 한다고 생각합니다. 본인들의 역할들을 해야 된다고 생각해요.

지금 많은 노마시안이 있습니다. 이 책을 통해서 노마시안이 연결될 수 있기를 바랍니다. 노마시안으로 살더라도 그 의미가 부여되기 전까지는 얼마나 특별한 삶을 사는지 생각을 못할 수도 있습니다. 노마시안의 의미와 특별함을 깨닫는 그 순간 생길 변화가 기대됩니다. 숨어 있던 노마시안 분들이 모두 연결되면 정말 큰 응집력이 생길 것 같습니다. 훨씬 많은 기회들을 공유하고 연합이 됐을 때 엄청난 파워가 있을 겁니다.

도전하고 개척하는 삶은 소중하고 귀합니다. 노마시안은 우리나라를 살릴 수 있는 하나의 그룹이 될 수 있습니다. 노마시안은 어떤 하나의 방향, 하나의 흐름, 하나의 물결입니다.

쿠알라룸푸르에서 조호바루 가는 중

조호바루 집

노마시안

05 이제 코리안이 아니라 노마시안으로 살아가라

방콕

05 이제 코리안이 아니라 노마시안으로 살아가라

중국 선전

05 이제 코리안이 아니라 노마시안으로 살아가라

05 이제 코리안이 아니라 노마시안으로 살아가라

노마시안

331

05 이제 코리안이 아니라 노마시안으로 살아가라

노마시안

05 이제 코리안이 아니라 노마시안으로 살아가라

334
노마시안

한국은 강대국이 된다

미국의 외교잡지 〈Foreign Policy〉에 "Meet the GUTS(GUTS를 만나다)"라는 제목으로 기고글이 올라왔습니다. 2040년에 세계를 주도할 4개의 나라를 'GUTS'라고 소개합니다.

Germany 독일
USA 미국
Turky 터키
South Korea 대한민국

독일과 미국까지는 '그럴 만하다.'라고 이해를 하는데 터키와 대한민국에는 의문을 가집니다. 한국에 대해서는 4가지 이유를 말합니다.

첫 번째, 한국인들의 국민성입니다. 한국인들은 특별히 부지런하고 총명하며 열정이 있다는 겁니다. 다른 어느 나라도 범접할 수 없는 것들입니다. 짧은 시간 동안 발전하여 전 세계에 퍼져 있는 인력의 품질이 자랑스럽습니다.

두 번째, 남다른 교육열입니다. 논 팔고 밭 팔아서 교육을 시켰던 시절이 있었죠. 최근에도 기러기 아빠가 되는 것을 마다하지 않고 교육을 시키고 있습니다. 다음 세대가 미래에 글로벌 인재로 자랄 수 있도록 근간을 마련하고 있습니다.

세 번째, 남다른 기술력입니다. 대한민국은 IT강국입니다. 반도체, 전자제품 등 기술력이 아주 뛰어납니다.

네 번째, 700만 해외 동포들의 네트워크입니다. 세계를 주도할 4개의 나라에 꼽힌 중요한 요소라고 합니다. 전 세계 어느 나라에 가도 한국인이 있습니다. 해외의 이런 네트워크가 다음 세대, 그 다음 세대까지 이어지면 2040년에는 훨씬 풍성해질 것입니다.

대한민국이 세계를 주도할 4개의 나라에 들어간다는 생각만 해도 가슴이 벅찹니다. 특히 우리 아이들이 정말 세계를 주도할 인재로 살아갈 수 있다면 어떤 투자도 아깝지 않겠죠. 노마시안의 삶이 얼마나 대한민국의 미래에 중요한 역할을 할지 기대가 큽니다.